OHSAMA BUNKO

心屋仁之助の
ちゃっかり生きて
お金が集まってくる話

心屋仁之助

JN230373

三笠書房

はじめに……「お金をうまく回して豊かに生きるコツ」とは?

お金をたくさん使って、好きなものを食べ、気に入った服は値段を見ずに買う人がいます。それなのに、汗水垂らして稼いでいる様子もなく、ちゃっかり生きていて、いつものんびり幸せそうです。

どうして、そんな**「豊かな生き方」**ができるのでしょうか。

実は、みなさんも、そういう「お金がある」人になれるのです。

こう言うと、

「そんなこと、ありえない」

「どんなに働いたって、あれにも、これにもお金が必要なんだから、ぜいたくなんてできるわけない」

と、自分が抱えている「問題」を挙げる人がいるかもしれませんね。

お金は「ないから出せない」のではなく「出そうとしない」から、入ってこないのです。

不思議なことに、お金を「出したくない」と思っていると、なぜだか意に反してつまらないことに使ってしまうものです。

僕も昔はそうでした。

節約しているのに、たとえばスピード違反で罰金を支払うなど、予定外の「イヤなこと」にお金を使う羽目になったり。

そうすると、

「お金を無駄に取られた」

「損した」

「もっとお金を使わないようにしなくては」

と、人はどんどん負《ふ》のループにはまっていきます。

それ、考え方が逆なんです。

お金を「使わない」というのは「回さない」ということ。

それは、キャッチボールをしているのに投げられたボールを全部抱え込もうとするのと同じです。こっちが返さないボールを投げてもらえるはずはないし、何より楽しくありません。

では、ボールを溜め込まないようにする、つまり**お金をうまく回して豊かに生きる**ためには、どうすればいいのでしょうか。

「問題」という言葉は「お題を問う」と書きます。

「問題」を「解決しよう」とか「なんとかしよう」「消そう」とがんばってみても、空回りするだけです。そうではなく、「問題となっていること」の「お題」を見つけるだけでいいのです。

それが、すなわち「答え」です。

この本では、「お金にまつわるお題を解く」ことを読者のみなさんと一緒に楽しんでいこうと思っています。


ページをめくりながら、じっくり自分の「お題」を探してみてください。

最後の最後の答えは、きっと、

「なんだ、私も愛されてるんだ」

「なんだ、私はそうしたくて、生まれてきたんだ」

になりますよ。

心屋　仁之助

もくじ

1章

「当たり前」を捨てるとなぜかお金がやってくる不思議

――あなたも、もっと豊かになっていい！

2章 「お金持ちごっこ」を楽しむ

――〝ちょっとびっくりな額〟も、ありがたく受け取る

3章

「10億円あったら」で考える
——人生は「さらけ出した」者勝ち

4章

「スーパーぜいたく《ファースト・クラス》」を体験してみる

——わがままに、でも爽やかに「自分最優先」！

5章

「稼ぐためにがんばる」のをやめる

——「ざわざわすること」の中にある〝意外な答え〟

6章 思い切ってお金をドブに捨ててみる

──「いいから、やれ！」と自分にゴーサインを出す

7章

「次のステージ」が今や遅しとあなたを待っている

——雑草のように、ワサワサと成長しよう！

1章

「当たり前」を捨てると なぜかお金が やってくる不思議

——あなたも、もっと豊かになっていい！

1 なんか知らんけど「収入が上がる」方法

売上げとは**「単価×お客さんの数」**です。

商売をやっている人はわかると思います。お客さんが何人来て、一人のお客さんからどれだけもらうか、この「掛け算」が自分の売上げなり収入なりになるわけです。

アルバイトやパートの人なら、**「時給×労働時間」**が収入ですね。会社勤めの人の給料も、基本的には同じ仕組みだと思ってください。

この売上げ・給料・収入を上げるには、いくつかの方法があります。

単価や時給を上げてもらうか、お客さんにいっぱい来てもらうか、寝ずに働く、つまり労働時間を増やすか。

お金に困っていた頃の僕は、「単価×お客さんの数」「時給×労働時間」という数式の中でしか**自分の収入を上げる方法**を知りませんでした。

だから、一生懸命にがんばって、お客さんの数を増やし、夜も寝ずに働き、商品の価値を上げて単価を上げようとしていたのです。

★「お金」=「労働の対価」ではない!?

でも、これは誰もが思いつくことで、しかも、そう簡単にはいかないし、こうした努力をしている限りは、売上げや収入はたいして上がらないのです。収入と売上げを上げていくには、ここから脱却しないといけません。

さらに問題なのは、主婦です。主婦はこの計算式さえ生かすことができません。お皿を洗う枚数を増やしたり、掃除するときに塵《ちり》の数を数えたりしても、旦那さんの給料は上がらない。

でも、安心してください。これからお伝えする「収入を上げる方法」は主婦の人も生かすことができます。

まず、お金の話をするとき、「捨ててほしいもの」があります。

それは、

「お金は労働の対価である」

という考えです。

それから**「労働とは、働くことである」**という、世間で言うところの「当たり前」の考え方も捨ててください。ええ、信じられなくても「一旦」捨ててもらわないと「新しい考え方」は入らないのです。

これらを一回捨てないと、自分のところにやってくるお金の額は変わりません。

★「人の期待に応えること」と「収入額」はまったく関係ない

「収入を上げる」には、つまり「単価や時給を上げる」には、

「人に喜ばれることをしよう」

「お客さんが喜ぶことをしよう」

「人の役に立つことをしよう」

と、世間は教えます。

ですが、この考え方も捨ててください。

「役に立って喜ばれる」ことと「収入」は関係ありません。

「人の期待に応える」と「お金がもらえる」「収入が上がる」という考え方も捨
ててください。だって、「悪いヤツ」でもお金をいっぱい持っていますよね。

「収入を上げる」とは、「役に立つこと」でも、「喜ばれること」でも、「期待に

応えること」でもないのです。

だって、「人に喜ばれると収入が上がる」としたら、あなたより働いていない、誰も喜ばせていない、早く帰って飲みに行くことしかしない上司が、がんばっているあなたより給料が高いのはおかしい、ですよね。

つまり、「労働」「役に立つこと」「喜ばれること」「期待に応えること」が収入を上げるという考え方は、もうすでに崩壊しています。

また、全然働いていないお金持ちの奥さんは、家事はお手伝いさんに任せ、旦那さんの顔を月に何度かしか見ず、旦那さんの世話さえしていません。

それなのに、収入が多い（使えるお金が多い）のも、「人に喜ばれると収入が上がる」という法則からすでにはみ出ています。

「そこ」に、僕は気がついてしまったのです。だから、まずは「収入を上げる＝いろいろな条件が必要」という考えを、頭の中から捨ててください。

そうして初めて「まったく違う世界」に飛び込むことができるのです。

★お金も空気も愛情も「スッと入ってきて、スッと出す」

僕はみなさんに**「お金は、空気と一緒」**だという考えをインストールしてほしいと思っています。

空気とは、「吸って吐くもの」ですね。吸えば吐けるし、吐けば吸える。だから、

「私、空気を二十年分、ここに貯めてるんだ」

なんて言う人はいないし、

「がんばらないと私、空気が吸えないんです」

「私、日頃から家でグズグズして、ゲームばかりして寝ているから、空気なんか吸う資格はないです」

と言う人もいません。

お金も空気と同じように「もらって使う」「もらって使う」をくり返すものです。

つまり、お金も「普通にスッと入ってきて、スッと出すもの」なのです。

2 「なぜかお金がない世界」と「なぜかお金がある世界」

今、あなたが持っている「お金に関する大前提」というのは、ほぼ一〇〇%、親との関係で決まっています。

あなたが「貧乏性」なのも「お金がない」「経済的に苦しい」のも、親との関係の中でつくられた、想像以上に根深い悲しみが原因になっているのです。

ここで気をつけてほしいのは、「今、お金がない」人は**「貧乏」なのではなく「貧乏性」**だということ。

僕はずっと貧乏性でした。まわりの友達がみんな買ってもらっていたオモチャを僕だけ買ってもらえなかったり、高校に入学するときに「畑を一つ売った」と両親から言われたり。

お金にまつわる思い出で印象的なのは、オーディオコンポ（セット）のことです。

僕と同世代の人はわかると思いますが、昔、オーディオコンポが流行《はや》った時期がありました。中でも、ヤマハのコンポは押すとボタンがうっすら光るようになっていて、僕はそれが欲しくてたまらなかったのです。

それを買ってもらうとき、親に散々「お金がないのに」とグチグチ言われました。

そのときに「自分がお金を使うと、誰かが不幸になるんだな」ということがインプットされてしまったのです。

このような経験もあって、僕は「貧乏性」でした。

貧乏性の人は、お金を使わないようにします。

一方で、豊かな人はお金を使わないようにしながら、いっぱい使うのです。つまり、**自分が本当に好きなもの、ときめくものだけにお金を使って、ときめかないものにはお金を使わない。**

「お金持ちはケチ」とよく言われますが、彼らは「意味がないと思うことにはお金を使わない」だけの話で、「意味のあること」には、バーンと使います。

僕は貧乏性かつ「安物買いの銭失い」でした。だから、佐川急便という給料のいい会社に勤めていたのに、貯金はない、豪華な家もない、立派なクルマもないという状態で、家の中にあるのは、安物ばかりでした。

要は安物ばかりそろえて、「僕はこんなもんだ」と自分を軽んじていたのです。

「自分は百円均一でいいや」

「自分はこの程度の服で十分だ」

そういう「安物買いの銭失い」で、「お金がない」と焦りながら、一生懸命

「単価×お客さんの数」「時給×労働時間」の計算式の中でがんばろうとしている普通の人だったのです。

★「自分は豊かである」とまず決めてしまう

ところが、貧乏性だった僕が、お金についての「大前提」をひっくり返した途《と》端《たん》に、いっぱいお金が入るようになりました。つまり、この「大前提」は一生ついてまわるものではなくて、自分の意思で「途中で変えていい」ものなのです。

自分は「貧乏でお金がない」という大前提を持ったままでは、いくら時給や単価を上げても、いくらお客さんが増えても、いくら労働時間を増やしても、自分の手に入るお金は増えません。

「こんなにやっているのに、なぜ増えないんだろう」という「謎《なぞ》の世界」に突入してしまいます。

それが、「自分は貧乏である」という大前提を、真逆の「自分は豊かである」という大前提に変えたら、勝手に単価は上がり、勝手にお客さんが増え、労働時間だけ極端に減って、売上げ・収入だけなぜか上がるという、**理解を超えた新しい「謎の世界」**に入ります。

「なぜかお金がない」「なぜかお金が手に入る」――どちらも「謎の世界」です。

もちろん、「なぜかお金が入る」世界に突入したいですよね。

3 「自分はまだまだ」「もっともっと」の呪い

自分自身に対する評価が低い人がいます。

「こんな売上げでは、まだまだ足りない」

「もっと収入を上げないとやっていけない」

こんな「まだまだ」「もっともっと」という言葉が、あなたの貧乏性を加速させます。

これらの言葉があなたに呪《のろ》いをかけ、ものすごく苦しめるのです。

僕にも「まだまだ」「もっともっと」と自分に呪いをかけていた時期がありました。「カウンセリングの仕事をやりたい」と思い、勤めていた会社をぽっと辞めたのは、その頃です。

そして「もっとカウンセリングの勉強をしたほうがいいかな」と、東京のセミナーに通っていました。

当時はお金がなかったから、東京まで夜行バスで行っていました。夜行バスは疲労が溜まりますから、到着するとフラフラで、一日を棒にふることもあります。ホテルも一生懸命、安いところを探して泊まっていました。

そうやって交通費も宿泊費も、その他あれもこれも節約していたら、確定申告をするときに、半端にお金があまって税金を余計に払うことになってしまったのです。

「これだったら、いいホテルに泊まって新幹線でゆったり行けばよかった」と思うようになり、それからは新幹線で行くようになりました。

★「支出を抑えるほどお金が減っていく」ミステリー

僕のまわりには、長い間勤めた会社をポンとやめて、一年間旅行に出かける人がわりといました。でも、僕にはそれができなかった。

当時、僕には貯金があまりありませんでした。だから、旅行なんてしている間にお金がなくなって死んでしまうと思ったのです。そして、会社をやめた後も一分でも早く稼ごうとして、「どこかにのんびりしに行こう」と思う余裕さえもありませんでした。

カウンセリングの仕事でお客さんを集めて、お金をもらっていましたが、当時はお金がなかなか貯まらないし、稼ごうと、とにかく必死でした。

稼ぐ収入に対して支出を抑えれば、お金は残りますよね。収入が少なかった僕は、支出を抑えていました。

それなのに、もう本当にお金が底をつきかけて、「この先も、ずっとお金がないのでは」という恐怖に包まれました。そんな頃、奥さんと出会ったのです。

★「やりくり」なんて、しないほうがいい

その頃、僕はスーパーに買い物に行くと、「お金がない」と思って、安い食材ばかり探していました。

そんな中、うちの奥さんと付き合うようになって一緒にご飯を食べに行くと、彼女はポンポン高い料理を頼むから、内心ヒヤヒヤでした。

これは以前、他の本にも書きましたが、そんなとき、奥さんから**「驚きのセリフ」**を聞いたのです。

「ねえ、おいしいもの食べよう。食費なんかいっぱい使っても、たいしたことないよ」

牛丼を食べに行って、卵をつけてもそんなに値段は変わらない。でも、僕はその「たいして変わらない」値段にも躊躇《ちゅうちょ》していたのです。ところが奥さんが、「卵、六十円だよ。それつけて、どう変わるのよ」

と。要は「節約すること」だけにエネルギーを使うのか、「自分が楽しくてうれしいこと」にエネルギーを使うのか、その違いです。

僕はそれまで、自分がうれしくて楽しくて気持ちのいいことにお金を使うよりも、節約することのほうが大事だったのです。

貧乏にもなるわけです。だって、**節約したいのですから、お金があったら困る**のです。

★「お金の出入り」を見張らない

僕は主婦のみなさんに「家計簿はつけるな」と言っています。

家計簿をつけるとは、「お金の出入りを見張る」ということです。

旦那さんの給料を、家計簿をつけて管理しようというわけですよね。

家計簿をつけて、うまいこと管理できたときの「賢い奥さん感」――それを味わおうと思ったら、旦那さんの給料が増えたら困ってしまいます。旦那さんの給料が高かったら「俺のおかげ」って言われるから。

「あなたの安い給料で、これだけ工夫して、こんなに食卓に品数を並べて、子どもの服も安く抑えて、旅行にも行けるのよ、私のおかげで」

「あなたは給料が少ないけど、私がこれだけやっているから、今、旅行できてるのよ、わかってんの?」

こんな〝ドヤ感〟を味わいたい人は、一生懸命、家計簿をつけて、「私の手柄なのよ」と言います。

こんな人が旦那さんの収入をどんどん下げて「やりくり上手の奥さん」という、〝超うっとうしいヤツ〟になっていく――というわけです。

★「楽しむこと」を優先していたら売上げが増える話

貧乏性だった当時の僕は、いっぱい働いたら、お金もどんどん入ってくるし、心の中が豊かになると思っていました。

でも、一生懸命稼いでいるのに、心の中は「もっともっと」「まだまだ」という感じに、ずーっと枯れたままなのです。

それで「これは何かおかしいぞ」と思って、現状をひっくり返してみることにしました。

「お金を稼ぐという行動」に時間をかけるのではなく、「自分の中を満たすこと」に時間を使うようにしたのです。

おいしいものを食べたり、楽しいことをしたり、それから体を休めたり、奥さんとしゃべる時間を増やしたり。

「内面を先に豊かにすればいいや」と考えを変えました。

「収入を上げる方法なんて全部捨ててもいいから、内面を豊かにすることに重点を置いていけばいい」

そう思ったのです。その実験を始めて、「内面の充実」ばかりに時間をかけるようになったら、カウンセリングの売上げが、なんか知らんけどボーンと増えたのです。

そして、なんか知らんけどテレビ出演の話が来て、なんか知らんけど本が売れだした。そして、テレビに出たら、さらに本がいっぱい売れて、講演会にもお客さんがいっぱい来ました。

「お金を稼ぐ努力」をしたのではなくて、「毎日を楽しむ努力」をしたら、なんか知らんけど収入がドンと増えたのです。

これは、「内側のことが、外側に映った」、それだけのことなのです。

外側だけ先につくるのではなく、内側を満たすことに時間をかけていたら、知らない間に売上げがすごいことになっていました。

売上げがすごいことになったのは、常識的な「収入を上げる数式」を無視してのことだから、「なんか知らんけど」としか言いようがないのです。

4 ジミー チュウの靴から始まった「お金の流れ」

ここで、**みなさんが豊かに、うまくいくようになる「出会い」は、やがてやってくる**――ということについて話したいと思います。

あるとき、僕が京都の事務所で仕事をしていたら、誰かがコンコンとドアを叩きました。「はい」と答えてドアを開けたら、そこに女の人がカバンを持って立っています。

「あのー、そこの大丸の者なんですけど……」

僕の事務所のそばには大丸百貨店があって、そこの外商さんが来たのです。

「うち、外商さん、関係ないですよ」

と言ったら、

「この間、大丸の裏の錦小路《にしきこうじ》通りのところで心屋さんを見かけまして、調べたら事務所が京都にあるということなんで、来ました」

と言います。見ると、その人の後ろにもう一人立っています。

「そちらの方は?」

「あ、あの、ブルガリと言いまして……」

外商さんは、ブルガリの女の人を連れてきていたのです。彼女はいくつか商品も持ってきていました。僕は、物欲があまりありませんし、貧乏性の名残がありますから、ブランドものにも、そんなにためらいなくお金を使うことはできません。

でも、ブルガリのカバンとか財布とか、持ってきた商品を見ていたら、「いい感じ」なわけです。

で、実際に手にしてみたら、

「あぁ、お似合いですっ!!」

と、彼女たちはうまく乗せてきます。

「誰にでも言ってるんでしょ?」

「そんなことはございません」

とか言葉を交わしつつも、たまには大きな買い物もしてみようと、買ってみたのです。


そんなこんなで外商さんとの付き合いが始まりました。

またこの外商さんが、ちょこちょこ顔を出しにくるのです。そして、

「今日は何?」

と言うと、

「今日は顔だけ出しにきました」

などという感じで、明るくて面白い人なのです。

「こんにちは、心屋さん」

「今日は何？」

「あの、また連れてきました」

そのときに連れてきたのが、ジミー チュウの店長さんでした。いくつか商品のサンプルを持ってきているのですが、なぜか女性ものばかりです。

これじゃ買いようもないよなぁ、と思いつつ、カタログを見ながら「男性ものもあるの？」と聞いたら、

「たくさんあるんです」

「なんで持ってこないの？」

「あ、ちょっと、うっかり」

と。その店長さんは（この人は、僕の「前者・後者」論でいうと、典型的な後者〈天然系〉の人ですね。「前者・後者」論については、『心屋仁之助のそれもすべて、神さまのはからい。』〔三笠書房《王様文庫》〕の本にくわしく書いていま す）、女性ものの商品ばかり持ってきて、散々さわいで帰っていってしまいまし

た。

するとこちらとしては気になります。

「もうこっちが行くから！」とお店に足を運び、そこからジミー チュウとの付き合いが始まり、今はもう、ジミー チュウの靴しか履かなくなってしまいました。

こちらががんばってお金を使うようにしたのではなく、「お金使いませんか？」と向こうから飛び込んできたわけです。そこでいっぱいお金を使うようにしたら、またどんどんお金が入ってくるのです。

つまり、お金の「流れ」ができたのですね。

★「自分の常識外のこと」をガバッと飲み込む勇気

まだ僕が貧乏性だった頃、スタイリストにお世話になっていた時期がありました。ある結婚パーティに着ていく服がわからなかったので、相談に乗ってもらったのがきっかけでした。

僕は、それまで百貨店で高級なものを買うことのない人間でした。それなのに、スタイリストの人は、僕が一年間で服に使うのと同じくらいの額の、高価な服を持ってくるのです。

「服にそんな高いお金、使ったことないな」

と言ったら、

「だから今、心屋さんはそういう服を着ているんですすよ」

と言います。

「心屋さんはファッションに悩んで僕のところに来てくれたんですよね」

「あぁ、そうです」

「お金を使ってないから悩んでいるんですよ。僕は今までいっぱい服にお金を使って、いっぱい失敗もしたし、いろいろなことも勉強しました。だから今、プロとしてやっていられるんです。心屋さんは服にお金、使ってないですよね？　年間どのくらい使われます？」

そう聞かれたとき、僕は答えられませんでした。そのくらい、お金をかけていなかった。

そんな僕に「今回のスーツは十何万です」と、当時の僕としては驚きの額のスーツを持ってくるのです。

でも、そこで相手の提案を拒んだりせず、受け入れてみました。

こんなふうに、みなさんにもちゃんと**自分のお金の常識や思い込みを変えてくれる人との出会い**があるはずです。

向こうから来たそういう出会いをパッパッとはらってしまうか、ガバッと受け入れるか、これによって人生は大きく変わります。

★一度「損をする」覚悟をする

まだ会社を始めたばかりで、がんばっていた頃のこと。稼働した分だけ売上げは上がるものの、「謎の抵抗」にぶつかることがよくありました。

グーッと売上げが上がってくると、「ちょっと待って！　これ以上、上がったら、税金がすごいことになる」というラインがあります。すると、「税金を払いたくないから、売上げを抑えよう」という心理がはたらきます。

これが、「謎の抵抗」です。

でも、実際の売上げは、そのラインをスーッと超えていくわけです。

つまり、**自分の収入を上げようと思ったら、税金をいっぱい払う必要がある**ということです。「自分の取り分」を増やそうと思ったら、税金もいっぱい払う覚悟をしないといけない。そうでないと、「自分の取り分」も増えません。

「わかった、じゃあ税金をいっぱい払おう」と決めると、そこでグンと売上げも上がりました。

パート勤務の奥さんは、旦那さんが扶養控除を受けられる年収額を超えないように、気をつけて働きますよね。でも、それ、遠慮なく超えてください。

そうしたら旦那さんの扶養から外れてしまいます。でも、控除して得られるちょっとの金額と、自分が稼いできて遠慮なく使える金額と、どちらをとりますか、という話です。

もし、楽しい仕事をしているなら、扶養控除のために「楽しいこと」まで我慢しているのです。もう、何をしてるのか、まったく意味がわからない。

だから、狭い数式の中でお金をクルクル回すのではなく、「いっぱい払って、いっぱいもらう」という世界に入ってください。

お金をブワーッと大回ししてください。

それが「損しよう」と決意することであり、「何かを覚悟する」っていうことなんだなぁと思います。

5 「楽しいこと」をグッとつかみにいく

自分の貧乏度を上げる一番簡単な方法。
それは「我慢すること」です。

「やりたいこと」「欲しいもの」「言いたいこと」を我慢して、「つらいこと」も我慢して、我慢して、我慢して、我を抑える。
すると、どんどん自分が濁っていくし、ドロドロしていきます。つまり、自分の中から溢《あふ》れ出るものをグッと抑えていたら、何かどす黒いものが発酵して、臭くなって、ドロドロになるのです。そして、そのどす黒いものが出てこないようにと抑えるには、ものすごいエネルギーが必要になります。

「やりたいこと」の中には、世間から叩かれそうなこともいっぱいあります。そして「本当はやりたいのに、世間から受け入れてもらえないから」と我慢することには、ものすごいパワーを使います。

我慢している人たちが「私、楽しいことがわからない」「好きなことがわからない」と言うのは、「本当はやりたいこと」を抑え込むことにエネルギーを使っているから。

「楽しいこと」があったとしても、「やりたい！」と手を伸ばしたら、自分の中に抑えているどす黒いものがビュッと出てしまうのです。

でも、そのどす黒くてダメなところが出ても構いません。

自分の「楽しいこと」をグッとつかみにいってください。

それで「心の満たされ度」が上がっていったら、まわりから何を言われようと、どんどん自分らしくなっていきます。

そして、**自分が満たされていくほどに、なぜだか収入は上がっていく**のです。

それは働いている人に限ったことではなく、主婦でもまったく一緒です。

★「散財」と「好きなことに使う」の違いって?

「お金を出そう、使おう」という話になると、

「好きなことにお金をいっぱい使って、エステやアフタヌーンティーにいっぱい行って、好きな洋服もいっぱい買ってきたんですけど、お金が入ってこないんです」

と、よく言われます。

これは**「散財」と「好きなことに使う」ことの違い**がわかっていない、ということですね。

でも、そんな人はこう考えてみてください。

「散財した代わりに、欲しいものをいっぱい手に入れられた」
「散財するだけのお金があったのだから、自分にはお金があった」
「それなのに、まだまだ何が欲しいのか？」
と。

いっぱい欲しいものを買って、いっぱい楽しいことをしても、「まだまだ欲しい、もっと欲しい。まだ足りない」と、「まだまだ」の呪いにかかっている間は、もし一億円入ってきて、一億円使っても満たされない。

好きなことにお金を使ったはずなのに、買ったものを見てときめかないときは、ただの散財です。

くり返しになりますが、「もっともっと」の世界から、「内面を豊かにする」世界へと切り替えていく。こちらをまず考えないといけませんね。

「自分を満たす」とは、結局**「自分のプライベートを満たす」**ことです。

自分のエネルギーは「自分の好きなこと」に使って、「嫌いなこと」には使わない。

誰かを恨むとか、あいつを見返してやるとか、そういうところに使うのではなく、「自分の好きなこと」に思う存分、エネルギーと時間とお金を使いましょうよ。

★上流から「いいもの」をどんどん流す

僕の経験ですが、テレビに出たり、名前が売れてきたりすると、うれしい感想や、「いいこと」がいっぱいやってきますが、みなさんが想像している以上に、「イヤなこと」もたくさん来ます。

そんなとき、

「ちょっと小さくなって、大人しくしてようかなぁー」

と思うこともあります。

でも、「自分はそもそも何のために、心理カウンセラーになったのか？」と考えると、やっぱり**「自分の中から湧き上がる思いを伝えたくて、届けたくて、始めた」**というところに行きつくのです。

「もっと謙虚に」「もっと感謝して」というのも、それはそれでいい。

でも、他人の目を気にして大人しくしているより、あなたにはもっとはじけて、もっとどこかで腹をくくって、「あいつ、何なんだ」と言われようと、自分を高いところに持っていってほしい。

「世の中の人を幸せにしたい」と思ったら、今よりももっと高いところから、もっとよいものを流せばいいわけです。

まずはあなた自身が、もっともっと高いところに上がっていきましょう。

2章

「お金持ちごっこ」を楽しむ

——“ちょっとびっくりな額”も、ありがたく受け取る

1 自分を「ダメ」だと思いたい人たち

実は、お金にはとても巧妙な「罠《わな》」が仕掛けられています。

どんな罠かというと、「お金がない」と悩んでいる人たちは、「お金がない自分はダメ」と自分を責めたいから、お金をなくしているのです。


順番を間違えないでください。

「お金がないから自分はダメ」

ではなくて、

「『自分はダメ』だと思いたいから、お金を持たない」のです。

お金がなくて困っている人は、「今、お金がない」という悩みについて、人からどんなことを言ってもらえるとうれしいか考えてみてください。

お金の悩みだけではなく、たとえば、暴力を受けているとか、人に冷たくされているとか、パワハラを受けているとか、そういうことで困っている人も同じです。

自分にお金がないとき、苦しいとき、大変なとき、「人からどんな言葉をかけてもらったらうれしいか」をちょっと考えてみてください。

★「わかってもらいたい」という感情

貧乏な人の中には、貧乏を楽しんでいる人がいます。

「うわ、全然、お金がないや」
「この一週間、五百円で過ごさなきゃ」
と言いながら、「お金がないこと」を楽しんでいる人がいっぱいいるのです。

僕も学生時代には、月曜日にカレーをつくったら、月・火・水・木・金・土・日と一週間、毎日カレーを食べていました。

初日は割と豪華なカレーだったのが、だんだん具が減り、ルーだけ足し、それから水を入れて増やし、最後はドライカレーに……と一週間カレーを食べ続けるのが、結構、楽しかったのです。

そういうふうに「お金がないことを楽しんでいる」のではなく、貧乏が苦しくて、つらくて、誰も助けてくれないと思っている人は、人からなんて言ってもらえたら、うれしいのでしょうか。

「人にかけてもらいたい言葉」には、奇妙な感情が隠れています。

たとえば、「よくがんばってるね、大変だね」と言われて、「大変なんです」となぜか満面の笑みを浮かべる人がいます。

「かわいそうだね」と言われて、「そうなんです、私、かわいそうなんです！」と嬉々《きき》として答えて、泣いているのか喜んでいるのか、わからないような人もいます。

そして、

「何かできること、手伝えることはある？」

と聞かれても、

「いえ、私、大丈夫です。なんとかして生きていきます」

と言ったりもします。

こういうとき、人は一体何を他の人にわかってほしくて、何を言ってもらいたくて、「お金がない」と悩んでいるのでしょうか。

★もう「不幸」は演じない

お金の問題に限ったことではありません。

「何をわかってほしくて、ＤＶを受けているのだろう」

「何をわかってほしくて、子どもができなくて苦しんでいるのだろう」

「何をわかってほしくて、会社に採用されないでいるのだろう」

「何をわかってほしくて、評価してもらえない仕事をしているのだろう」

よくよく考えてみると、

「あなたは悪くないんだよ」

「あなたはがんばってるよ」

「みんなの見る目がないんだよ」

「かわいそうだね」

などと言ってほしいだけなのかもしれない。

実は、あなたはそんな言葉が欲しくて、壮大なコントの〝主演女優〟をやっているのです。このことに気づくと、自分がいかにバカバカしい演技をしているかが見えてきます。

この壮大なコントの渦中にいるときは、一生懸命に演じているから、それがわかりません。でも、コントを抜け出した後に自分を見たら、なんでそんなことをしていたのか、さっぱり理解できないはずです。

今、お金がない、苦しい、つらい……と悩んでいる人は、ぜひ、「自分は今、人生をかけたコントをやっている」ことに、気づいてほしいと思います。

2 「ラクして儲ける人」は賢い？　汚い？

ここで質問です。

「お金儲けはすばらしいことだと思いますか？　それとも汚いことだと思いますか？」

心の中で正直に答えてみてください。

心の中では、「儲けている人は汚い、どうせ悪いことをしているに違いない」と思っていても、口では「お金儲けの才能がある人はすばらしい」と言う人も結構います。

もう一つ、質問します。

「ラクして儲けることはいいことだと思いますか？　悪いことだと思いますか？」

この質問は「ラクして儲けている人を見て、どういう気持ちになるか」ということです。

「ずるい！」「何か悪いことをしているに違いない」と思うのか。「人生ラクラクでうらやましい」と思うのか。

言い方を換えると、十時くらいに会社に出てきて、十七時くらいに「じゃ、お先に～」と言って帰る役員のおっさんの給料が高かったら、どう思うかという話です。

また、社員は夜遅くまで一生懸命働いているのに、社長は毎晩、銀座でおねえちゃんをあげてドンチャン騒ぎをしているらしい。それをどう思うかという話です。

「あ、素敵。私もそうなりたい」

と思うのか、

「なんだかなぁ」

と思うのか、ということです。


この質問で、自分が持っている「お金の価値観」について少しだけわかるでしょう。

★もっと「ダイナミックにお金を回せる人」になってもいい

ここで私が言いたいのは、

「お金を儲けること、お金を手にすること、ラクをしてお金を手にすることは、悪いことだ」

と思うのをやめようということです。

「お金儲けのためにガツガツするくらいだったら、貧しくしていましょう」

こういう考えでは、もったいない。

貧しいままでは社会貢献もできません。たくさん儲けたら、社会に対してお金をブワーッと吐き出せます。つまり、**「ダイナミックにお金を回せる人」**になれます。

「このお金はいい、このお金は汚い」という考え方を変えると、自分が変わります。

「いいお金は入れたいけれど、汚いお金は入れたくない」

と思うから、

「入れたいのか、出したいのか、どっち！」

みたいなことになるのです。

「いいも悪いも、入ってこい！」となったら一気に入ってきて、一気に出ていきます。

あなたも、この「流れ」を早くつくることです。

「お金が入ってくること」に「いい、悪い」と白黒をつけなくてもいいのです。

「これはキレイなお金、これは汚いお金」と色をつけなくてもいいのです。

汚いお金だろうが、キレイなお金だろうが、バサッと入ってきたら、キレイな楽しい使い方をすればいいわけです。

また、お金持ちを悪く思ったり言ったりする人は、自分がお金持ちになりそうになるのを、怖くて止めてしまうかもしれません。

「お金」「お金持ち」に対するその悪口、イヤな思いは、誰からもらったものなのでしょう。

3 自分の価値を「自覚」すれば、お金の流れは変わる

お金持ちの家に生まれた人は、小さい頃からお小遣いを多くもらえていたり、生活の心配とは無縁だったり、誕生日には何でも買ってもらえたりします。そして、そのことを「当然」と思っています。

つまり、お金持ちの家に生まれた人は、「自分は何もしなくても、当然、このくらいはもらえるでしょ」という基準が高いのです。

僕はお金持ちの家に生まれたわけでもなかったので、この基準は高くありませんでした。だから、自分の収入を上げられるようにがんばってきました。

そして、がんばって、がんばって、「これ以上、もう無理」と、収入を上げることにこだわるゲームから降りた途端に、なぜかバサッとお金が入ってくるようになりました。それが「断食」ならぬ「断稼ぎ」。

要するに、

「そんなにがんばらなくていいよ」

「そんなに稼がなくていいよ」

「そんなに会社の売上げを上げなくていいよ」

「そんなに焦らなくていいよ」

「そんなに戦略を立てなくていいよ」

「そんなに勝とうとしなくていいよ」

「そんなに戦わなくていいよ」

ということです。

なぜなら、そんなにがんばらなくても、愛されて認められているから、という話です。それは「断」してみないと気づかないのです。「がんばれば」認められるのではなく、自分が「自覚すれば」実はすでに認められている、ということです。

★がんばらなくても、ちゃんと豊かで認められている

がんばらなくても、焦らなくても、一生懸命やらなくても、あなたも僕も、もう安心だし、ちゃんと恵まれているし、ちゃんと愛されて、豊かで、認められています。あとはそれを**「自覚するか、しないか」「知るか、知らないか」だけの話**です。

自分で自分の価値を知るだけです。

今この瞬間も、昨日も、実はずっと前から、そして未来もずっと、「あなたは愛されている」ということだけは変わらないと自覚してください。それだけで

「お金の流れ」は大きく変わります。

今はピンとこなくても、なんとなくわかってくれればいいと思います。

今、首が折れるくらいひねって考えたのに理解できなくても、「はっ、そうか！」とわかるときは来ます。

いつわかるのかは本当に、人それぞれのタイミングがあり、ある日突然、わかるのです。

そういう日が訪れるのを楽しみにしてもらえたらと思います。

4 「お金ちょうだい」って、もっと言ってみる

僕が主宰する勉強会「Ｂｅトレ」で、会社を経営する女性から、こんな質問を受けました。

「自分が提供するサービスの値段が決められない。いくらって言えばいいでしょうか」

そのとき、僕は、

「自分の思ったとおりの金額を請求すればいい」

と答えました。

すると、その女性が一年後に、

「アドバイスしてもらった後、怖いくらいお仕事をいっぱいもらえるようになってきました」

と報告してくれました。ただ今度は、

「本当に、自分はこんなにお仕事をもらっていいのかな」

と思うようになったそうです。とても条件のいい大口の仕事が入ってきたり、すごい人脈を紹介してくれる人が次々現われたりして、「自分だけ儲かって、正直、すごく怖い。これでいいのかな」という思いが湧いてきたそうです。


すごく「いい話」です。

答えだけ先に言っておきます。


「Yes」

★「ありがとう」と言うことが一番の恩返し

たとえば、「うわ、このお店のパンケーキ、おいしいわ」と思ったら、あなたは「このお店が流行ると、自分が入れなくなるから」と思って隠すでしょうか。それとも「おいしい、おいしい、おいしい」とたくさんブログに書いて紹介するでしょうか。

そして、「おいしい」とブログに書く人は、パンケーキ屋さんから何か「見返り」をもらいたいのでしょうか。

そして、そのパンケーキ屋さんが「私はあなたに何もしていないのに、そんなに紹介してもらって、こんなにお客さんも来てもらって、どうしましょう」と悩んでいたら、そのお店に何と言いますか。

たいていの人は「いや、おいしいから紹介しただけです」と言います。

その相談者の女性は、

「単価数千円なら『まぁ、いいか』と思えるけれど、何百万円単位の話なので、怖いんです」

と話していました。

でも、その女性に〝すごい人脈〟を紹介した人物は、「金額に興味のない人」なのです。人を誰かに紹介して、その人が仕事を発注しようがしまいが、女性が依頼を受けようが断ろうが、そういうことにもこだわりのない人なのです。

だから、「こんなに大きな話を紹介してもらったし、何かを返さなきゃいけない」なんて思わなくていいのです。

その人たちが一番嫌うのは「返される」ことです。善意でしたことを何かで返されたら、「あげた善意が、返ってきたわ」となります。

だから、**「受け取ってあげること」**が、一番の愛情です。

「受け取る」の「受」の字の真ん中に、「心」を足したら「愛」に変わります。

「ありがとう」と言うことが、一番の恩返しなのです。

しかも、その人の「期待に応える仕事」、もしくは「期待を超える仕事」をしようと思わなくてもいい。

「期待を超える仕事をしなくては」と思ったら、気を抜く暇がありません。今の自分の仕事ぶりを見て「仕事を頼みたい」と言ってくれているのですから、淡々と「仕事を受ける」だけでいいのです。

それで「お金を払っただけの価値がなかった」と言われたら、「すいません」と言えばいい。勇気がいりますけどね。

★「期待に応えなくては」と気張らなくていい

たとえば、僕は仕事を忙しくしたくないから、全国から毎日のように来る講演会の依頼を、ほとんど断っています。そして断るために、ものすごくべらぼうな講演料にしています。

もし、相手がそれを乗り越えてきたら、「じゃあ、考えます」となります。そして、「ものすごく高いハードル」を相手が越えてきたからといって、それに対して、「期待に応えよう」とは思いません。

なぜかというと、「僕が普段やっていること」に対して、その値段を出してくれたのだから、僕は「普段のまま」行けばいいと思っているからです。

たとえば映画の予告篇を見て「すごい映画だ！」と思って観に行ったのに、イマイチな内容だったとしても、映画館に「金返せ！」とは言わないと思います。自分は予告篇を見て、そこに価値があると感じたから「損してもいい」と思ってお金を使ったのです。

だから、仕事で提示された金額が、自分にとって〝ちょっとびっくりな額〟であったとしても、「そのままもらっておけばいい」し、「期待に応えなくては」と気張る必要はないのです。

★苦労は「かけっ放し」でも気にしない

ちなみに、この相談者の女性は、お父さんが五歳のときに他界して、ずっと母子家庭で育ってきたそうです。

彼女はきっとお母さんを喜ばせたかったのでしょう。お母さんに迷惑をかけたくなかった。お母さんを喜ばそうと思って、ずっとがんばってきた。

お母さんに対して「罪悪感」「負い目」があるのです。しかも、お母さんは苦労したでしょう。その苦労したお母さんに「恩返ししなきゃ」「幸せにしてあげなきゃ」と思ってきたわけです。

でも、

「この子、一生懸命、私に恩返ししようとしてくれているわ」

と感じてしまうのは、親にとっては逆につらいことです。

「ありがとう。あのとき、苦労して育ててくれてありがとう」

これで終わりにしていいのです。

お母さんに苦労をかけっ放し、恩を受けっ放し。それでいいのです。

ここをクリアすると、「お金をもらうこと」への罪悪感から自由になれます。

5 人生初のチャリティ・パーティで思ったこと

先日、人生初のチャリティ・パーティに参加しました。

「チャリティ・パーティ」とは、要は「資金集め」「寄付金集め」のためのパーティです。

主催者は、「ルーム・トゥ・リード」という非営利団体の創設者、ジョン・ウッドさん。

この「ルーム・トゥ・リード」は、開発途上国に何万もの図書館や学校を設置し、また教育における男女格差の是正を目指す団体です。

僕はタキシードに蝶ネクタイ、と慣れないフォーマルスタイルで参加しましたが、参加者の半数以上が外国人セレブでした。

前半のオークションでは、高級ワインや、「ホテルのスイートルームでのディナー」「錦織圭《にしこりけい》とテニスをする権利」などの楽しい商品が出品され、参加者はこぞってこれらを競《せ》り落とします。

その落札金額がすべて寄付へ回されるのです。

★最高の人脈と金脈で「笑顔をつくり出す」

僕が、この「ルーム・トゥ・リード」という団体に興味を持ったのは、その圧倒的な資金調達力のためでした。

ジョン・ウッドさんのすごいところは、この「ルーム・トゥ・リード」の活動を善意で終わらせず、「ビジネス」として成り立たせているところ。

マイクロソフトの元幹部という経歴を生かし、その交渉力や企画力、行動力を存分に発揮して、こうしたチャリティ・パーティを通じ、世界中のお金持ちから寄付を得ているのです。

「ビジネスである」とは、つまり「貧乏くさくない」ということ。

人の善意ばかりに頼るのではなく、きちんと「お金をください」と訴えることができる、ということです。

さらに創設者である彼自身もまた、豊かに暮らしています。

最高の人脈と、金脈と、商品を集める力を使って、ただの「困っている人を助ける」活動ではなく「笑顔をつくり出す」活動をしているのです。

オークションでは欲しい商品はあまりなく、手を挙げて入札することもなかったのですが……。

面白かったのが後半のチャリティです。

オークションとは異なり、チャリティでは一つの商品につき、手を挙げた人が全員、それを購入することができます。

ここで出品される商品とは、たとえば「一万冊の本の寄付」百十五万円、など。もし十人が手を挙げれば、百十五万円の十人分で、計千百五十万円分の本が寄付されるのです。

★「非難の言葉」は自分の中にあった

しかし、僕は最初のチャリティ商品でも手を挙げられませんでした。ついさっきまで「寄付をしたい」と思っていたにもかかわらず、です。


「手を挙げるのって、恥ずかしくない!?」

「『いいことしてる人』みたいに見られない?」

「お金の使い方、間違ってない?」

「もしかして、これって偽善? それとも売名?」

「格好つけてる?」

「お金持ちぶってるの？」

自問をくり返しているうちに、最初のチャリティは終わってしまいました。

そう、**非難の言葉は自分の中にあった**のです。


二つ目のチャリティ商品は、女性の教育支援に関するものでした。

女性支援は「ルーム・トゥ・リード」の主なコンセプトの一つで、僕も共感しています。それに、僕の話を聞いてくれる人には女性が多い。

このように理由を自分でつけても、手を挙げるのには勇気が必要でした。


「挙げてみようかな」

「でも、本当に寄付をしてもいいのかわからない」

「どうしよう」


それでも、覚悟を決めて、思い切って手を挙げてみました。

これが「一歩踏み出す」ということなのですね。

★照れくさくても「覚悟」を決めてやってみる

心屋の提唱する、さびれた神社のお賽銭《さいせん》箱に一万円を入れる「神社ミッション」をしようと思っても、なぜか「恥ずかしい」とか「照れくさい」と思ってやり遂げられなかった人もいるでしょう。

もっと日常的なこと、たとえば電車の席を譲るとか、道に落ちているゴミを拾うとかでも、「いいこと」をするには「恥ずかしい」という気持ちに打ち勝つ勇気が必要ですね。

でも「覚悟」を決めて、思い切ってやってみたら、きっと新しい世界が開けますよ。

一度手を挙げてしまえば、もうためらいなく「やりたいこと」をやれるようになります。僕もまったく気にならなくなって、他のチャリティにも、進んで手を挙げました。

これが、ものすごく楽しかった。

みんながどんどん手を挙げて、僕たちのテーブルはとても盛り上がったので、スタッフの人たちも明るく声をかけてくれました。

「楽しい」というのは大事なことです。「偽善」とか「自己満足」とか言う人がいたとしても「別にいいや」と思えるようになります。それは、この「ゲームのように楽しませて、お金を提供してもらう仕組み」のおかげですね。

★「今、自分にできること」で世の中に関わっていく

僕が参加した三時間ほどのチャリティ・パーティで、ジョン・ウッドさんが集めた総額は、なんと一億六千七百万円を超えました。驚きです。

ここには**「豊かさの循環の仕組み」**を見ることができます。

僕は今まで、ボランティアや寄付活動に興味はあったものの、どうすればいいのか、やり方がわからないままでした。

そこで始めたのが、心屋のオープンカウンセリングです。

オープンカウンセリングは基本無料ですが、参加者の方には「お気持ち金」をいただき、全額寄付に回しています。もちろん「お気持ち」ですから、いくらでも構いません。

無料でのカウンセリングというカウンセラーの「労働」の提供と、「お気持ち金」という「寄付」「喜捨《きしゃ》」をつなげることにより、お金が循環する仕組みをつくろうと試みたのです。

二〇一〇年頃から僕一人で始めた活動ですが、現在では心屋認定カウンセラーたちによって全国で開催されており、「お気持ち金」の累計金額も、間もなく六千万円に届きます。

とはいっても、ジョン・ウッドさんがたった三時間で集めた金額には到底及ばず……。

ジョン・ウッドさんが行なっている寄付の仕組み、金額、たくさんのセレブが集まるこのパーティの風景。

「彼と同い年の僕は、とてもかなわないな」と思いました。

そして、思うだけでやめておきました。

僕には「僕にできること」があります。

たとえば、本を書くこと、話すこと、歌うこと、それから寄付すること、など。

こうした、「僕にできること」の範囲で世界に関わっていけばいいのです。

このチャリティ・パーティの話を読んで、

「私には遠い世界だわ」

「私にはとてもできないわ」

と感じた人もいると思います。
何も、大きなことをする必要はありません。
みなさんが、今、いる場所から始めればいいのです。

できることからでいい。
無理をして、焦らないでくださいね。
動けないときは「動けない」でいいのですから。

3章

「10億円あったら」で考える

──人生は「さらけ出した」者勝ち

1 「好き」の感度を磨く

僕の中で人生が大きく変わったとき。

それは、**「損得にこだわらなくなったとき」**です。

「これをすると損かな」

「あっちを選んだほうが得かな」

「これをすると何かあるかな」

といった具合に、**頭を使って損得を計算しなくなってから、得をいっぱいするようになりました。**

もちろん、「頭を使うこと」でうまくいくことも、たくさんあると思います。

でも、**頭をいっぱい使うよりも、心をいっぱい使ったほうが、流れにうまく乗れる**ようになりました。

★「テンションが上がるもの」だけに囲まれてみる

「心をいっぱい使う」とは、**「好きなことだけやる」**ということです。

こう言うと、「私、好きなことがわかりません」という人が一〇〇％の確率で現われます。

自分の「好きなこと」を知るには、感性を磨き続けるしかありません。

そして、「好きなこと」は、すごいこと、大層なことであるとは限りません。

たとえば、あなたがいつも履いている靴は、「超お気に入り」の一足でしょうか？「そうでもないかな」と思いましたか？

ここが**「好きなこと」を知る感性**を磨くポイントです。

前述したとおり、僕は今、ジミー チュウの靴を履いていますが、昔は、「そう好きでもない靴」「安い靴」しか履いていませんでした。

すると、靴を見るたびに「自分はこの程度の人間なんだ」と暗示がかかってしまいます。

今、着ている服も、パンツも、コートも、時計も、ネックレスも、カバンも、ペンも、「本当に」好きなものでしょうか。

「そうでもないかな」というものは、もう使わない。そして「テンションが上がるな」というものだけに囲まれてみてください。

★大損しても〝心がときめくほう〟を選べるか

ちょっと前の話になりますが、心屋塾認定講師のまりこが「iPhone7」

を買いました。

そのとき、僕は「7Ｐｌｕｓ」を持っていましたが、こちらは「ポートレートモード」という遠景をぼやかして写真が撮れる機能がついています。

その写真を見せたら、彼女が「すごい、すごい」と言うのです。

「じゃあ、7Ｐｌｕｓにすれば？」

と言ったら、

「いや、7を買ったばっかりだし」

と答えます。

「こっちのほうが絶対、ときめくんでしょ？」

「絶対ときめく」

「なんでこっちにしないの？」

「だって、買ったばかりだから」

買ったばかりのスマートフォンをすぐに機種変更すると、かなりお金がかかります。大損です。

でも、「7Plus」に換えたほうが、断然、心がときめきます。でも、そうせずに不満を言っている。

「どちらのほうが人生が豊かなのか」という話です。

持ち物に限った話ではありません。

居酒屋に行くと、突き出しが出ます。この突き出しをとりあえず食べるか、「これはそんなに好きではないから」と食べるのをやめるか。

食べたくないものを、目の前にあるからと「とりあえず」食べている人は、お腹をゴミ箱にしてしまっています。

★なんか知らんけど「大きな流れ」に乗れる人

これを本当に食べたいのか、本当に飲みたいのか。本当に行きたいのか。この人に本当に会いたいのか。この人の文章を本当に読みたいのか。

「自分は本当はどうなんだろう」と、自分の気持ちと一つずつ会話をしていくクセをつけてください。

そうやって、自分のまわりを心がときめくもの、自分の好きなことで固めていくと、いろいろなことへの感度が上がり、なんか知らんけど「豊かさという大きな流れ」に乗れるのではないかな、と思っています。

2 「バンジージャンプを初体験!?」した話

あなたは今までの人生の中でどんなことにチャレンジしてきて、どんなことを思い切って捨ててきたでしょうか。

僕が経験した印象深かったチャレンジは、**遊園地でのバンジージャンプ体験**です。

講演会などでいつも他の人に「勇気を出そう」と言っている手前、「まず自分が見本にならなければ」と思い、バンジージャンプをしに向かいました。

バンジージャンプの横には、地上五十メートルの高さからヒュッと真下に落ちる「フリーフォール」というアトラクションがあります。

「よし、まずはフリーフォールでならしていこう」と乗ってみたのですが、まったく大丈夫でした。気をよくした僕は「よし、次は木製コースターに行こう」と木製コースターに乗りました。こちらも〝楽勝〟でした。

そして、いよいよバンジージャンプです。

書類を書いて、ハーネス（安全ベルト）を着けて、階段を上っていくと、足下が金網状態で、下の様子が丸見えでした。階段を上っていくにつれて、「ちょっとやばい」と思い始めました。

地上二十二メートルの高さにある「飛び降りるところ」には、係員のお姉さんが立っていました。そのお姉さんの、

「それでは、一、二、三、バンジー！」

という言葉に合わせてジャンプします。

足から飛ぶと紐《ひも》が絡《から》んでしまうので、「頭から行ってください」と言われます。

「じゃあ、飛んでくださいね」

「はい、わかりました」

「じゃあ、行きます。一、二……」

「ちょっと待って」

★人生もバンジーも「自分で決めて飛ぶしかない」

冬場の平日に行きましたが、三十分悩みました。お姉さんはイライラしたり、「早く飛んでくださいよ」と言ったりせず、ただずっと待っています。

そうなると、**自分で決めて飛ぶしかない**のです。

フリーフォールは自動的に落とされるからあきらめがつきますが、バンジーは自分の意志で飛ぶのです。飛べるように、できるだけ姿勢を低くしてみたりもしました。

「よし、一……、ああ、やっぱりダメだ」

これを三十分くり返して、最終的にどうしたかというと、

「ごめん、やっぱり、やめる」

と言って階段を下りました。すると、地上で待っていた一緒に行った人たちから、

「階段を下りるほうが怖いけどね。そっちのほうが恥ずかしいわ」

と言われたので、「そんな恥ずかしいことをした自分」が思わず笑えました。

★自分の「心のストッパー」を知る

平日とはいえ、飛ぶのを躊躇している間に、他のお客さんも来ます。僕が飛べずにモジモジしていたら、大学生くらいの男子三人が来たので、「どうぞ」と先を譲りました。「自分が飛ばなくていい理由」が一つできて、ホッとします。

その大学生は三人とも、

「すみません、じゃあ行きますね。一、二、三、バンジー！」

と一瞬で飛んでいきました。

結局、僕は違う日にあらためて出かけて再チャレンジしたのですが、飛べませんでした。

バンジージャンプは大きなマットが下に敷いてあるし、足がロープで台につながっているし、絶対にケガをしないことはわかっています。

でも、なぜ飛べなかったのか。


その原因は、小さい頃の記憶にあったのではないかと思っています。幼い頃、高いところ（屋根の上）から飛び降りるという、割とデンジャラスな遊びを僕はしていました。

飛び降りた瞬間、フワッという「浮遊感」があって、結構、ゾクッと怖いのです。あの「怖い思い」がまた来るぞ～と思い出してしまったから、僕はバンジーを飛べなかったのかもしれないです。

チャレンジできないとき、人は「何か」を思い出していることが多いのです。**何が自分にストップをかけているのか**――それを知ると、人生が新しい展開を見せ始めます。

この「たとえ話」を書くために、僕はバンジージャンプを飛ばなかったのです(嘘)。

とはいえ、怖いものは、怖いのです。

これはもしかすると、乗り越えなくてもいいことかもしれないし、いつか乗り越えたくなるときが来るかもしれませんね。

3 自分の「暗黒面《ダーク・サイド》」にもＯＫを出す

新しいことに挑戦するとき、大きな決断や強い意志、勇気が必要になることがあるものです。そして、僕は新しいことに挑戦するときよりも大きな勇気が必要なチャレンジがあると思っています。

それは、**「今の自分にＯＫを出す」**こと。

これがもしかしたら一番チャレンジングなこと（骨が折れる、きついこと）かもしれません。

「こんな自分を出したら、世間から絶対に嫌われる」

そんな自分のダーク・サイドにOKを出せたら、一番強いと思います。

チャレンジしたとき、失敗したとき、人は腹黒い自分、格好悪い自分、ダメな自分をまざまざと見せつけられます。

失敗して無様《ぶざま》な自分、チャレンジしてうまくいかなかった自分……その自分を見たくないから、他人からそこを責められたくないから、僕らはチャレンジしないのです。いろいろな言い訳をして、避けたり、嘘をついたり、見栄をはったりしてしまうのです。

いろいろなことを言われたくなくて、大事なことから逃げ回って、今まで何とかうまく生きてきました。でも、自分の人生の課題から、そう簡単に逃げ切れるものではありません。

「あなたはまだ、このチャレンジをしていませんよ」

と宿題が来ます。

★「失敗標準」の頭になってみる

「チャレンジをする」ということは、「失敗する、損する、傷つく」ことと、ほぼイコールです。

たとえば僕が人前で歌おうとすれば、緊張もするし、音程を外さないか、歌詞やギターのコードを間違えないかなど、「失敗する恐れ」が待ち構えてもいます。でも、失敗することが自分の中で「当たり前」になると、もう怖くなくなります。

「失敗することが標準」になるわけです。こうなると人間、強い。

だって、注意していても、失敗するのですもの。

僕らが「失敗したくない」とがんばっているときは、**「成功標準」**の頭になっています。

「うまくいくのが普通で、うまくいかないのはとてもダメなことなんだ」という頭になっていると、当然、失敗が怖くなります。

だから、**「失敗標準」の頭**に変えてほしい。

そうしたら、失敗してもいちいち傷つかないし、「ああ、ダメだ」と反省もしません。だって、それが「普通」だから。

★その「くだらないところ」があなたの魅力

それに、あなたの失敗は他人を幸せにします。

たとえばこの数年、僕は舞台の上で話をする機会が増えています。そして僕が噛《か》んだり、すべったり、歌を間違えたりすると、みんな喜びます。また、ブログ上で怒ったり、くだらない駄洒落《だじゃれ》を書いたりしていると、みんなが安心します。「バンジーを飛べなかった」という僕のエピソードを読んだとき、ちょっとうれしくなりませんでしたか？

ユーチューブでネコがジャンプし損ねて落ちていく動画を目にしたら、超かわいいし、面白い。

野球などスポーツ関係の〝珍プレー〟（これもいわゆる失敗）も、テレビドラマや映画のNG集も、すごく面白い。

もし僕が「成功体験」と「自慢話」ばかり本に書きつらねていたら、イヤになりませんか。

「僕はね、こうやってうまくいったんですよ、ハハハ」

と講演会でずっと話していたら、みんな席を立ってしまうでしょう。

失敗は、すごく人を安心させるし、人を笑顔にします。

あなたの失敗を見て、バカにしたように笑う人もいると思います。でも、その失敗は、あなたの近くにいる人に勇気を与えているかもしれないのです。

4
「格好つけてる」場合ではないんです

僕たちは、いろいろなことがうまくなりたいとか、いろいろなことを知りたいと思っています。つまり、人は「成長したい」のです。

でも、成長することや、いい結果を残すことよりも大事なことがあります。

それは、**「楽しむこと」「楽しいことをすること」**。

それが**僕らにとって一番の「使命」**ではないかと思います。

そして、人生を思う存分、楽しむためには、**自分という人間をさらけ出してい**

こう、ということです。
「いいところ」だけでなく、自分のダメなところ、汚いところ、エグすぎるところ……を全力でさらけ出してでも楽しいことをする。それが、「生きるということ」ではないかと思います。

★「挑戦しない理由」は、いくらでも見つけられる

楽しいこと、気になることにいっぱいチャレンジして、いっぱい失敗して、いっぱいイヤな目にあって、いっぱい笑われて、いっぱい怒られて、いっぱい損して、それでも、「やってみる」。

その上で、

「自分はまだ何に挑戦していないのかな」

と思い返してください。本当はやりたいことなのに、何かが怖くて挑戦していないことが、まだあるはずです。

楽しいことをしようと思ったら、遠慮している場合ではありません。

「どうせ、私なんて」といじけたり、すねたりしている場合でもありません。

言い訳をしている場合でもありません。

お金がないと言っている場合でもありません。

病気をしている場合でもありません。

それらを言い訳に使いたくて、そうしているときもあります。

なかなか巧妙です。

全力で自分を楽しむことが怖いから、わざわざ病気になったり、わざわざ自信をなくしてみたりします。

わざわざお金をつくらないようにしてみたり、わざわざ何か問題を起こしたり、批判をされてみたり、誰かに反対させてみたりします。

「悩み」や「問題」を自分でつくって、僕らは好きなことを**しないように**がんばってしまいます。

なぜなら、傷ついたり、バカにされたり、笑われたりするのが怖いからです。

でも、そうやって自分をごまかしていることのほうが、すごく格好悪いのです。

そうするほどに人生が「濁《にご》って」いくのです。

格好つけている場合ではありません。見栄を張っている、遠慮している、怖がっている場合でもありません。

「やりたくないことをやっている場合ではない」

ということです。

人生は短い、のですもの。

5 懐具合が〝超ぬくぬく〟だったら、何をする？

今、あなたの銀行口座に、十億円が入っているとします。もう、すっごく〝ぬくぬく〟で、生活の心配はまったくありません。そんなあなたに質問です。

①その十億円があっても、やりたいことは何ですか。
②その十億円があったら、本当はやめたいことは何ですか。

この二つを考えてみてください。

僕は十億円あっても、人前でしゃべっていると思います。死ぬほどブログを書いているだろうし、ギターを弾きながら歌っていると思います。十億円あったら、もっといいギターを買うかというと、買いません。今のギターが「超いい」からです。

でも、以前の自分なら、十億円もらえるとしても、歌はやらなかったでしょう。そのくらい怖かった。

あなたは十億円があったら何をやめて、何をやっていますか。
十億円があったら、何にチャレンジしますか。
あなたにも「お金がないから」という理由で、チャレンジしていないことがあると思います。

そして、「お金があっても」チャレンジしていないことがあると思います。

つまり、僕が言いたいことは、これです。

「十億円あったらやめること」は、今すぐやめること。
「十億円あってもやること」は、そのまま続けていい。
「十億円あったら始めること」は、今すぐ始めること。

さらに、

「自分が人目を気にしないゲスいヤツだとしたら」
何をやめる？　何をやってる？

ということです。

お金にこだわって、そして人目を気にして「やる・やらない」を決めていると したら、それはお金のために、他人のために自分を我慢して「自分らしく生きて いない」ということです。それは自分が傷つくのが怖くて、自分を傷つけているということなのです。

★「後悔は、もうやめる」と決める

ここで自分の人生の中で、「後悔していること」を思い出してみてください。

「あ、やってしまったな」「あ、やればよかったな」と後悔していること。

あなたが人生の中ですごく後悔していること。やってしまったことに対する後悔、やらなかったことに対する後悔。

「なんで、あのとき、あのチャンスを断ったのだろう」
「なんで、あのとき、別れちゃったんだろう」
「なんで、あのとき、声をかけなかったんだろう」
「なんで、あのとき、言ってしまったんだろう」
「なんで、あのとき、言わなかったんだろう」

「なんで、あのとき、こんなことしちゃったんだろう」

「なんで、こっちを選んでしまったんだろう」

いろいろな後悔があると思います。

あなたの頭の中にある後悔を、紙に書き出して、今、この瞬間から手放す。それは、実はものすごくいい手です。


僕たちは「後悔しよう」と思ったら、いつまでもネチネチ思い出しては悔やみ続けることができます。

だから、今、この瞬間に、

「後悔やめよう。もう後悔やめた。以上」

と決めてください。僕たちは自分の意志で後悔することも、後悔を止めることもできるのです。

だって、そのときは、そうしたかったのですもの。神さまに「他のことをやれ」と言われたとしても、きっとやらなかったですよね。

みなさんの中にも「かつて失敗したから、あきらめていること」が、たくさんあると思います。

そこをもう一回でも、二回でも掘り起こして、チャレンジしてみてください。子どもの頃に失敗してイヤな思いをしたことにも、ぜひチャレンジしてください。

再チャレンジ、再々チャレンジすることは、とっても怖いですけどね。

4章

「スーパーぜいたく《ファースト・クラス》」を体験してみる

――わがままに、でも爽やかに「自分最優先」!

1 「全部やってみる」と、いろいろなことがわかる

この章では「自分の理想のライフスタイル」のつくり方について考えてみたいと思います。

「理想のライフスタイル」を模索する人の中には、なぜか「会社をやめる」という選択をする人が多いです。

でも、会社をやめたら自由になれるかというと、そうとは限りません。会社にいても自由な人は自由に、好きなように振る舞っていますし、会社をやめても自由にならない人はいます。

「自分に合ったライフスタイル」が確立できているということは、**「自分が自由でいられる生き方」**ができている、ということです。

そして、僕の「自分が自由でいられる生き方」の定義は、**「自分がやりたいことを、やりたいときに、やりたいだけやれる」**かなと思っています。

以前、友人、プロゴルフコーチ、そしてプロゴルファー夫妻と一緒に、タイに行ったことがありました。

そのプロゴルファーは、二年間で四回のホールインワンを達成するなど、結果を出している女性です。そういう人だったら、ファーストクラスやビジネスクラスで移動してもいいわけですが、エコノミークラスで移動していました。

本人は「頭の中に、その選択肢がなかった」と言っていました。が、僕がファーストクラスに乗っているのを見て、

「え、そんな選択肢があるんだ！」

と思ったらしいのです。

同じように、みなさんの理想のライフスタイルは、もしかしたら今の選択肢の外、想像もしていないところにあるのかもしれません。

もちろん今、自分がそこそこ幸せだったら、無理して理想の人生を模索する必要はありません。

「きっとまだ、すばらしいものがあるはずだ」と思って探しに行くと、かえって苦しむことがあるからです。

一度ファーストクラスを味わってみて、「エコノミーには、もう死んでも戻れない」という感じになってしまうと、それはそれで苦しくなります。

★試してみなきゃ、わからない

ファーストクラスの快適さを知っても、エコノミーという選択肢でも十分だと思えること。それが自由。

たとえば、

「ファーストクラスにも乗ってみたけど、私は体も小さいから、エコノミーでも全然キツくないし、十分なんだけど」

「私は飛行機に乗っても、別にお酒も飲まないし、ご飯も食べないから、エコノミーでちょうどいいのよ」

こういう人は、それでいいと思います。

ファーストクラスを体験しないまま「私、あんなの必要ない」と言うのではなく、ファーストクラスもエコノミーも乗ってみた結果、「あ、私は、エコノミーのほうがいいわ」となったら、それはそれで「その人に合ったライフスタイル」なのです。

つまり、**一度、全部をやってみる**ことです。

会社勤めもしてみる、会社もやめてみる、結婚もしてみる、離婚もしてみる、子どもも産んでみる。

子どもに関しては「やっぱり私には合いませんでした」というのは難しかったり、産みたくても産めないときもあったりすると思いますが、たくさんの「選択肢」を体験して初めて、「自分に合ったもの」がわかります。

2 「引き算」すると見えてくること

たとえば、満員電車に乗ることが、もうイヤでイヤでイヤで仕方がない人がいるとします。でも、我慢しながらそんな毎日をずっと続けるわけです。

これ、不思議だと思いませんか。

少し今の生活を振り返ってみてください。

実は見ないようにしてきたし、これが普通だと思うし、そこに文句を言ったらダメだと思うし、そんなことを言ったら生きていけないと思う……。でも、

「実はイヤでイヤでイヤで仕方がないこと」

はないでしょうか。

実は独身がイヤ。実は今のパートナーがイヤ。実は通勤電車がイヤ。実は人に使われるのがイヤ。実は人を使うのがイヤ。実は綱渡りの生活がイヤ。

同じように、

「実はイヤだけど、ずっと続けていること」

はないでしょうか。

実はイヤなのに、太っている。実はイヤなのに、この髪型にしている。実はイヤなのに、何か我慢している……。

ちょっと、考えてみてください。

★「しんどいこと」をやめてみた

僕の場合は、会社員時代の話はさておき、今の仕事は基本的に好きで、カウンセリングも結構楽しくやっていました。

ただ、好きなカウンセリングにもイヤなことがありました。

それは「一人の話をずっと聞いていること」です。一人の話を一時間も二時間も聞いていると、やはり飽きてきます。

もう一つ、「ずっと座っていること」がイヤでした。たとえば、カウンセラーになった当初は、一日四～五人のカウンセリングをしていました。九十分×四人＝六時間です。一日カウンセリングをしていたら、六時間座っていないといけないので、これがまたしんどいのです。


そこで、手始めに個人カウンセリングをやめました。

カウンセラーなのに、です。

その後はしばらく「オープンカウンセリング」をしていました。このスタイルだとたくさんの人の話を一度に聞けるし、これはこれで面白かった。

でも、これでもまだ、座っていないといけません。そこで、ある日、その我慢もやめてみました。

すると気づいたことは、「聞くより話すほうが楽しい！」でした。

そうしたら、この数年は「講演」や「ライブ」「ポッドキャスト」「本の執筆」など、一方的に発信する仕事ばかりになりました。

さらに今は「一カ月に四日くらい、働くのであればいいかな」と思って、仕事をしています。あとはブログやフェイスブックを書いたり、音楽をしたりしています。

仕事もするし、ゴロゴロもするし、ブラブラもする――そんなライフスタイルにしています。

「理想のライフスタイル」をつくっていくとは、何かをやめることです。

それは、「実はイヤだなぁ」と思っていることをやめるということです。

あなたの「実はイヤなこと」は何でしょうか。それは本当に当たり前になりますぎて、わからないようになっています。

実は化粧をするのがイヤという人もいるかもしれません。実は勉強するのがイヤという人もいるかもしれません。「これをしろ」と言われるのがイヤな人や、人付き合いがイヤな人もいるでしょう。

この「実はイヤなこと」をちょっと考えてみてほしいのです。

★「ゲスい自分」を隠さない

自分の理想のライフスタイルを見つける一番簡単なやり方は、**「引き算」**することです。これは**「本来の自分に戻っていく」**ということです。

今まで「よかれ」と思ってやってきたことを、次々とやめていこうという話です。

「自分の理想のライフスタイル」を求めていこうと思ったら、よかれと思って、嫌われまいと思って、叩かれまいと思って、そして、やらないと悪いなと思って

「やっていたこと」を全部やめていくことです。

すると、自分が知らなかった「自分らしいスタイル」に戻っていきます。自分が目指した、自分が理想としたライフスタイルではなく、「自分だけの自分らしいライフスタイル」が勝手に見つかります。

罪悪感という錘《おもり》を外していくと、自分に合ったライフスタイルがフッと浮かび上がってくるのです。

キーワードは**「罪悪感」からいかに自由になるか、**ではないでしょうか。

3 「求める」のをやめる

僕の中で「引き算」の最たるものが三つあります。

①断食
②断愛
③断成功

これは言葉を換えると、**「求めない」**ということです。

たとえば、食べるものや愛情、成功を一生懸命求めるのは普通のことでしょう。「いかにして食べていくか」「いかにして愛されるか」「いかにしてうまくやるか」。この三つが基本的に人のモチベーションになるものだと思います。

でも、求めれば求めるほど、「私には栄養が足りない」「私のまわりには愛情がない」「成功がなくて認めてもらえない」という苦しみの中で、ずっとグルグル回ることになるのです。そこで、これを全部やめてみます。

「求めない」に変わっていくと、**「ないと思っていたけれど、あった」**ということに気づきます。

気づきのパターンには、二つあります。

一つは、求めるのをやめてみたら、「あぁ、あった」と気づくパターン。

もう一つは「ある」「あった」という前提で生きると、求めるのをやめられて、「ある」ことに気づくというパターン。

どちらからスタートするかは、お好みしだい。何も目指さずに、「求めない」ことだけをやってみると、「自分だけのライフスタイル」が勝手にでき上がります。

★この「衝撃」をあなたにも

僕は二〇一一年に初めて**「断食」**をして衝撃を受けました。

断食をする前は、「あれを食べないと、これを食べないと」とお腹まわりにたくさんのエネルギーのベルトを巻き、全身「ミートテック」を着ていました。ミートテックを着ていた頃は暑がりでしたが、脱いだら寒がりになりました。やせている人はすぐに寒いと言いますよね。

次は**「断愛」**です。一番わかりやすいのが、自分の奥さんや旦那さんを喜ばせようとするのをやめることです。つまり「愛されようとするのをやめる」ということ。

僕は、奥さんに愛されようとしていました。でも、喜ばせようと思っても彼女はちっとも喜ばないから、あきらめました。そうしたら、実は何もしなくても喜んでいることがわかってきました。つまりは「放っておけ」ということです。

「断成功」は、仕事ですごい成果を出そうとしたり、役に立とうとしたり、ほめられようとがんばったりするのをやめるということです。言葉を換えると、「認められようとする、喜ばれようとする」のをやめるということ。

僕の場合は、東京の仕事は、定期勉強会の「Ｂｅトレ」だけにしました。それまでは、スクールもセミナーもやっていたし、いろいろな仕事をしていました。それを全部やめて、住んでいる京都に引きこもりました。

東京のほうが明らかに市場が大きいから、売上げも大きかったのですが、そちらを全部やめて、京都に引っ込みました。すると、結果的には、売上げがそれまでの何倍にもなったのです。

4 「失う恐怖」を手放していく練習

断愛と断成功の二つを同時にやると、**「媚《こ》びるのをやめる」**ということになります。

「媚びるのをやめる」と、ちょっと失礼なヤツ、ちょっと働かないヤツ、ちょっと無愛想なヤツになります。

でも、**「媚びるのをやめる」と満たされていることに気づいた**のです。

「断食・断愛・断成功」をすると、「今この瞬間の、この自分」が満たされていると気づきます。「満たされた状態」を体感、体験できます。食も愛も成功も必死に集めようとしなくても、「自分は大丈夫だ」と思えるようになります。

そして、「断」して満たされていることに気づくと、結果として「食・愛・成功」が増えます。


とにかく、まずは「断つ」こと。「引き算」してください。

そうすると、「本来のありのままの自分」に戻っていきます。ありのままの自分で自分らしく生きれば、うまくいかないはずがありません。

★「やってみた人」にしかわからない不思議体験

では、「何をやめるのか」という話です。

そこで、「やめてほしいこと」「やってほしいこと」を挙げていきます。

①一番好きなもの、得意なことをやめる

まず「一番好きで、一番得意なこと」を一回やめてみてください。

たとえば、笑顔。人の求めていることを事前に察知して、サッと動くこと。気の利いた仕事をすること。人に優しくすること。人を助けること。食べること。人に取り入ること。「いい人」でいること。遠慮すること。品行方正にしていること。誰にでも平等に接すること。自分の技術を提供すること。

別の言い方をすると、**「人から喜ばれていること」**。

これを一回、自分の中で封印してみてください。すると、ものすごくいろいろなことがわかります。

たとえば、実はこの中には、たくさんの**「媚び」**が入っていたことに気づけます。

それから、もう一つ**「無理」**も入っています。

僕たちはどこかで、ちょっとずつ無理をしています。これをしたら人が喜んでくれるから、自分の時間を犠牲にする。自分がもらえるお金を犠牲にする。睡眠時間を犠牲にする。自分の思いを犠牲にする。

「なんか知らんけど、喜ばれるから」「できるから」やってしまい、やって喜ばれてうれしいと同時に、自分の中で何かが減っています。

たとえるなら、**「メモリ（データ容量）を食っている」**という感じです。スマホでもアプリを立ち上げすぎるとメモリを食うでしょう。

「媚び」や「無理」でちょっとずつメモリを食っていると、自分が濁っていくのです。

②一番怖いこと、「それはないわ」と思うことをやる

僕の場合、一番好きで一番儲かっていたのが「東京での仕事」でした。

普通であれば、それをやめるのは「超怖いこと」だし、「それはないわ」です。

でも、あえてそれをやりました。そうしたら、「ああ、なんだ。京都にいても

いいんだ」とわかりました。

この①と②をやっていくことが、「罪悪感や〝失う恐怖〟を手放していく」ということです。

「気が利かない自分、できない自分、品行方正でない自分」になるなんてイヤだし、罪悪感もあるでしょうが、人に優しくするのをやめる、わがまま勝手にする。するると不思議なことに、その場に罪悪感だけを置いて、自分だけが前に進めます。

嫌われたり、評価を下げられたり、何かを失ったり、も、たいしてないのです。

逆に、好かれ、評価は上がり、お金が増えたり人気が上がったりするのです(あ、もちろん怒ったり離れていったりする人もいます。でも、自分が自分らしく生きることで離れていく人には、早めに離れてもらったほうがいいのです)。

これは、やってみたことがある人にしか、わかりません。

あなたもぜひ、トライしてみてください。

★どんな「三昧生活」を送ってみたい？

満たされていて、罪悪感のない生活のことを「三昧《ざんまい》生活」と言います。

僕は音楽三昧で暮らしたいし、ゴロゴロ三昧、セミナー三昧、マンガ三昧をしたいと思っています。

あなたは何三昧で暮らしたいですか？

子育て三昧、おしゃれ三昧、百貨店三昧、ちやほやされ三昧、エステ三昧……。

そうした「三昧生活」は、罪悪感から自由になって「満たされている状態」でないとできません。どこかで「焦り」が出てくるからです。


これはお金がいっぱいあっても、できない人はできないのです。お金のあるなしは、「できない理由」とは関係がないのです。

罪悪感を捨てて満たされる生活をするためにも、とことん「引き算」していくこと。

今までせっかく身につけてきたものを捨てる。ここまでせっかく積み上げてきたものを捨てる。人に好かれようと、今までやってきた「媚び」もやめる。

あなたは今日、何をやめますか。

5 次は、「あなたの番」です

ここで、現時点のあなたが「あんなライフスタイルを送りたいな」と思っている人は誰かを書いてみてください。個人名です。あなたが憧《あこが》れる、目指す、「あんな感じだったらいいな」と思う人。タレントや有名人でも。

面白いことに、「自分が欲しいもの」は、「映画の予告篇」のように、僕たちはすでに見せられています。自分の行き先、自分の手にするもの、自分が叶えていくことを、まるでサイキックのように、「すでに知っている」のです。

だから「あんなふうに」と、思うのです。

★「憧れ」も「反発」も根っこは同じ

「本当は憧れているライフスタイル」に反発する人もいます。

「別に、私、そんなのは求めてないわよ」

「あんなのは別に」

「私には無理だし」

みたいなことを、つい思ってしまう人です。

だから、自分がその人のライフスタイルを見たときに、心が動くか、動かないかで判断してください。

「憧れ」を感じるか、「反発」を覚えるか、どちらかわかりませんが、「なんか知らんけど、引っかかる」ときは、心が動いた証拠。実は憧れを感じている可能性が高いです。

- 田舎生活をしている
- 東京の一等地の高層マンションに住んでいる
- シンガポールに暮らしていて、ときどき仕事で日本に帰ってくる
- ハワイで暮らしている
- オーストラリアで暮らしている
- 山奥で隠居している

「憧れるポイント」は人それぞれです。質素な生活に憧れる人もいれば、豪華な生活に憧れる人もいます。バリバリのキャリアウーマンに憧れている人も、のんびりとした幸せな主婦に憧れている人もいるでしょう。

素直に考えてみてください。

★「自分にお似合いの場所」に落ち着いていたらダメ

憧れている人をどうして思い出してもらったかというと、それはあなたの姿だからです。

あなたはすでに「自分の未来」を見ています。

「あんなふうになりたいな」

「あんなふうにしたいな」

とあなたが思ったものは、「あなたの未来」です。だから、憧れている人を見たら、「あれは次の私なんだ」と思ってください。

言葉を換えると、**勝手にあきらめなくていい**のです。

つまり、

「自分にお似合いの『分相応』な場所に落ち着いていたらダメだよ」

ということです。

今、「自分にお似合いだ」と思っているところを飛び出して「分不相応」「似合わない」「もったいない」ところに飛び込んでみると、もっともっと楽しくて、もっともっと愛されて、もっともっとうまくいく、もっともっと素敵な自分に出会えます。そして、もっともっと大事にされる場所が見つかります。

だから、あきらめたらダメだと思います。

それは、「そうなれるよう努力しましょう」ということではなく、**「そうなれることを自分に許可しましょう」**ということ。

そして、「あの人みたいになりたいな」と思う人には、どんどん会いに行ってください。「その人と同じ空気」を吸ってほしいからです。

★そろそろ「次のステージ」に行くことを許してもいい

自分が次のステージに行くことを許す。自分がわがままを言うことを許す。

人から大切にされること、他人から認められ、受け入れられ、好かれること、豊かさを受け取ること、愛情を受け取ること、人から認められること……。

これらに早く「許可」を出してください。

今、自分がそれを手にしていないというのは、それを受け取ることに罪悪感を持っていて、「許していない」ということです。

その罪の意識を一つずつ外していく、その罪を許していくことが、人生のゲームです。

「許す」を別の言葉にすると**「もう、いいよ」**です。

つまり「もう反省はいらないよ」ということです。

これからは、一切反省しないでください。今日から、「ごめんなさい」という言葉は禁止です。ゲスい人は「ごめんなさい」を言いません。

今日から引き算しかしない、やりたくないことはやらない、そういう「超ゲスい人」になるといいかなと思います。

ゲスい人とは、ひと言で言うと「罪悪感のない人」なのです。

罪悪感なく、

「なんで、ダメなの？」

という感じです。

罪悪感や戒律《かいりつ》の多い人は、「ダメよ」という言葉をたくさん使います。

「しちゃダメ」

「やらないとダメ」

という感じです。

あなたも爽《さわ》やかにわがままを言い、爽やかに人の誘いを断り、爽やかに自分だけを優先させる**「自分ファースト」**を極めてください。

5章

「稼ぐためにがんばる」のをやめる

──「ざわざわすること」の中にある"意外な答え"

1 〝お門違い〟ながんばりに気づく

よく「がんばっていると、いいことがある」といわれます。

でも、**どういう「がんばり」をすると、人生が自由で幸せになるのか**、ということを考えると、世間でいう「がんばる」と、僕の考える「がんばる」とは、ちょっと違います。

「がんばる」というと、普通「行動すること」（Ｄｏｉｎｇ）をイメージすると思います。

でも、いくら行動の数を増やしても、**「自分のあり方」**（Being）が歪《ゆが》んでいると、その「がんばり」は〝お門《かど》違い〟になります。いくらその「がんばり」を積み重ねても、斜面に積もった雪がバサーッと落ちるように「実らない、報われない」になってしまいます。

だから、まずは心をまっすぐに平らにすること、つまり**「素直になる」**こと。

生まれたときは、おそらく誰の心もみんな平らです。でも、育った環境や傷ついた経験などが原因で、知らぬ間に心に「どうせ」という「傾き」ができています。

土台が傾いていると、そこにいくら苦労や努力を積み上げても、がんばればがんばるほど重くなって、雪がバサーッと落ちるように、がんばりが報われません。でも、心の「傾き」を知って、まっすぐに戻していけば、無理してがんばらなくても「静かに雪は降り積もる」のです。

では、その傾きを知り、まっすぐに戻すには、どうすればいいのでしょう。

世の中にはたくさんの「がんばり好き」がいます。がんばるのが楽しい人たち、がんばることのできる人たちです。

彼らは「がんばろうと思って、がんばる」というより、**「つい、がんばってしまう」**人たちです。そして、うつ病を患《わずら》うほど度を越してがんばってしまうこともあります。また、がんばることができなくて、気ばかり焦っている人も同じです。

「努力は裏切らない」という言葉があります。僕自身、そう思ってがんばってきました。でも、よく考えたら、ものすごくいっぱい裏切られてきています。努力が結果につながるとは限りませんよね。

「これだけ、がんばったのに」

と思ったことが、これまで何回もあったと、今になって、ふと思い出します。

がんばっている間は、そこにこだわって、キューーッとしがみついているわけです。だから、別のところが疎《おろそ》かになっています。

僕の場合は、仕事にしがみついていたから、家庭が疎かになっていました。

★何かに力を集中させると、何かが「放ったらかし」になる

「がんばる」とは、一点にキューッと力を集中させること。それはすごく「いいこと」ではありますが、何かをものすごく放ったらかしにしていることでもあります。

つまり、**バランスが崩れて偏《かたよ》っている状態**です。

たとえるなら、世の中にはたくさんの料理があるのに、とんかつばかり食べているようなものです。バイキングに行って、酢豚ばかり食べているような感じともいえます。


がんばって何とかなってきた人は、人に「がんばれ」と言います。

自分が「がんばったら、何とかなってきた」から、

「アンタもな、がんばったら、何とかなるよ！」

と人にも言うわけです。

がんばり好きな人はこう言われると、「よっしゃー！」と思います。

でも、がんばれない人は「がんばったら、何とかなるよ」と言われたら、苦しくて仕方がありません。

2

「ファイト〜、一発！」の世界の住人たち

困難なことがあっても、がんばって何とかしてきた**「乗り越え好き」**な人のことを、僕は**「アルピニスト（登山家）」**と呼んでいます。

彼らは山を登るのに、わざわざ難しい沢や岩場を登っていこうとします。

もう**「ファイト〜、一発！」**の世界です。

「どうして、そんな危険なことばっかり、やってるの？」

と思ってしまいます。

でも、チャレンジするのが好きな人たちなので、これはもう仕方がありません。

僕も昔、陸上部だったのであまり人のことは言えませんが、マラソンをする人はどうしてあそこまで「はあはあ」と言いながら走るのでしょうか。

「乗り越え好き」な人は、十キロも二十キロも走りながら、「みんな！　走るのって気持ちいいよ!!」と言うわけです。

★それは「がんばる」というより「必死」

昔の僕の「がんばり」は、今から思えば、「がんばり」というより**「必死」**でした。嫌われないように、認めてもらえるように、ほめてもらえるように必死だったと思います。

そしてもちろん、「がんばれる」から、がんばってしまうわけです。

「必死」とは、「一生懸命、そこに集中すること」です。

がんばるところが偏っているので、不具合が出たり、問題が起きたりします。

僕の場合も「仕事、仕事、仕事」となっていたから、「家庭」に不具合が生じました。ものごとは、本当に「バランスがとれてこそ」なのです。

「心のあり方」もそうです。ネガティブばかりに傾くと、しんどくて楽しくない。ポジティブばかりにギューッと傾いていても、なんだか居心地が悪いのです。

晴ればかりでも困るし、雨ばかりでも困る。

やはり**「ちょうどいい」が一番いい**。

だから、自分の中の「ちょうどいい」を探してください。

「ちょうどいい」とは、晴れの日もあるし、雨の日もあるということです。

晴れの日は気分がいいですが、ときどき降る雨も、それはそれでいい。「あぁ、雨だ。イヤだなぁ」と言うのではなく、「雨が来たなぁ」でいいのです。

「この雨をなんとかして止めて、全部晴れにするんだ！」

と思うから、話がややこしくなるのです。

不幸なこと、悲しいこと、つらいこと、これらを全部否定して、「俺の人生、全部ハッピー！」と言うから、「イタイ人」になるわけです。

★自分で「休養宣言」を出す勇気

「がんばる」のが好きな人は、自分の中で「これ以上、行ったらまずい」「ちょっと休まないと、バランスがくずれてしまう」というラインを知ることです。

自分で「休養宣言」を出せるようになってください。

僕の事務所にはホットカーペットのような敷物があって、それはいつも電源が入っています。そしてパソコンが二台あって、プリンターなどいろいろな機器にも電源が入っています。

僕は事務所でいつもミルクを温めて飲みます。でも、

「あ、ちょっとミルクを飲みたいな」

と思って、牛乳を入れて電子レンジにセットするとブレーカーがボン！　と落ち、電子機器の電源が切れて「強制終了」してしまいます。

「あ、またやってしまった！」

これを何回も何回もやったら、パソコンがおかしくなります。

一回ブレーカーが落ちると、パソコンは異常終了したことになり、次に立ち上げるときに「前回、終了の仕方が悪かったので、次回以降気をつけてください」とパソコンに怒られたりもします。

だから、今は電子レンジのところに「ホットカーペットを消す」という付箋《ふせん》を貼っています。それを見て、ホットカーペットの電源を切ってから、電子レンジを使うことにしています。

これが、**「これ以上行ったら、まずいんだ」というところのラインを、自分で知っておく**ということです。

3 わざわざ「岩場」を登らなくていい

次は「がんばれなかった」人向けの話をします。

がんばれない人は、そもそも体が弱かったり、根性がなかったり、無理やりがんばらされて、がんばることに嫌気がさしていたりするはずです。

「できるはずだ！」と言われ、走りたくないのに、『巨人の星』の主人公、星飛《ひ》雄馬《ゆうま》のようにずっと走らされたり……。

がんばったけれども、何とかならなかった人。がんばることを強要されて、ものすごくつらかった人。そもそも心や体が弱くてがんばれなかった人。

そういう人は、そういう経験をしたときから、自分のブレーカーを落としているのです。この場合、ブレーカーを落としているとは、「自分を卑下《ひげ》している」ということ。

「自分はがんばれないんだ」

「自分はがんばる気がないんだ」

「そんな自分はダメなんだ」


こういう人は「がんばれない自分を許す」こと。

「がんばれないことは悪いことだ」と思ってしまうと、「がんばる」ことをがんばり始めるでしょう。

がんばれないことは悪いことで、「悪いこと」を続けていると自分はダメになるから、「がんばれるような人間」になるためにがんばるわけです。

「がんばれなかった人」は、この仕組みだけ知っておいてもらえればと思います。

つまり、**「あ、そうか、がんばれないことは悪いことじゃないんだ」と気づいて、「がんばらなくてもいい」と、自分に許可**さえ出してあげたら、何かが動き出します。

何より「がんばれない」というのは「イヤなことはできない」という最高の才能なのですから。

★楽しく「草原を散歩」する人も必要

アルピニスト（がんばる人）は山に登るのが好きです。険《けわ》しいほど燃えます。がんばれない人は草原を散歩することが好きです。

草原を散歩していたら、向こうで岩を登っている人がいます。汗をいっぱいかいて、がんばっています。そして頂上に立って、ウオーッとか叫んでいる。

それを見た「がんばれない人」は、鼻歌まじりに草原を歩きながら「あぁ、がんばってるな」と思えばいいのです。

みんながアルピニストだったら、暑苦しいからです。

「がんばれない人」が存在していないと、いけないのです。人生をお散歩するのは、すごくいいことです。

「みんなが岩を登っているのに、私一人、草原でピクニックしていたら悪い」

「がんばれない自分は悪いヤツ」

これまではそう思っていたかもしれませんが、どうぞ存分に草原を散歩してください。

そして、「岩登りの人」も、たまには草原を散歩してください。

4 「神さまからのサイン」をスルーしない

僕は今まで「岩登りの人」でしたが、「草原を散歩する」ことを覚えました。そうしたら、草原を散歩していても、頂上に着くことを知ってしまったのです。草原を散歩していると、どう考えても頂上へはたどり着けません。エベレストやK2、槍ケ岳《やりがたけ》の頂上には行けないでしょう。

でも……世の中にはヘリコプターというものがあるのです。

今までは、「岩場を登っていくこと」が登山だと思っていました。でも、「ヘリコプターで登ってもいい」ということに気がつきました。

岩場を登っている人をヘリコプターに乗せるのは至難の業《わざ》です。風も吹いていて、岩肌に近寄れない。でも、平原を散歩している人をヘリコプターに乗せるのは、すごく簡単なことなのです。

★「ふと思ったこと」のすごい実現力

そのすごくいい例が、少し古い話ですが、あるテレビ局の主催で講演会をさせてもらったときのことです。そのときは、七百人の会場がすぐに満席になりました。

それまでのアルピニストの僕なら、一生懸命に募集フォームをつくり、入金管理して、メールを送る……など、集客のために、ものすごい労力を費やしたでしょう。何百人も人を集め、管理しようと思ったら大変です。

このときは、僕の主宰する勉強会に参加していた長崎出身の女性（今は心屋の認定講師）が、「僕の講演会をしたい」と、ふと思ってしまったらしいのです。でも、僕が長崎くんだりまで来るかどうかは、わからない。

そこで、僕に聞いたそうです。

「長崎に来てくれる？」

僕はだいたい、こういう話は断っているのですが、そのときはなぜか「うん」と言ってしまいました。僕が「うん」と言ったから、彼女はすぐに友達に電話したそうです。その友達は、テレビの企画を担当している人でした。

友達に電話して、「こういう人を講演会で呼ぶことができる？」と聞いたら、「できるよ」と言われたので、すぐに会って打ち合わせをしたそうです。

そのテレビの担当者は話を聞いた後、すぐに上司に話を上げると、上司は「いいよ」と言ったそうです。

実はその上司は以前、別のルートで僕のところに「講演会をやりませんか」とオファーをしてくれていて、そのとき、僕は「やりません」と断っていたらしいのです。

このエピソードのポイントは、**誰一人、がんばっていない**ということです。ふと思って、ふと言って、ふと電話して、ふとOKして……みたいな。

その「ふと」の連続が、ポンと七百人の講演会になってしまったのです。

それまでの僕の生き方でいうと、「がんばる・必死系」しかありませんでした。

「ふと」というのは、「草原を歩いていたら、なんか知らんけどヘリコプターがやってきて、頂上に連れていってくれた」みたいなことです。

もちろん、がんばることもすばらしいのですが、こんなこと「も」ある、ということです。

そして、僕はいつも言っていますが、

「ふと」というのは、神さまからのサインだと思っています。

5 「自分らしさ」という風、「他力」という風

僕らは「ふと」思ったことを、「ふと」やろうとしたときに、「常識」「倫理」「理性」という壁にバーンとぶち当たります。

「こんなことしたら怒られる」

「こんなことしたら嫌われる」

「いや、どうせ無理」

「前例がない」

つまり「ふと」という形で、神さまが「やれ」と言っているのに、「いや、神

さま、それはなしです」と言ってしまうのです。

★「言っちゃった、やっちゃった、思っちゃった」は無敵

みなさんのところには、実はいつでも「チャンス」と「アイデア」が雨のようにブワーッと降り注いでいます。それらを、自分の恐れと不安から止めるか、止めないかだけの話です。

僕も「怖がって何かを止める」ことを数年前からやめました。

「ふと思ったこと」を、世間の常識から外れていることでも、やってみようということです。「これをやったらあの人に悪い」「こんなことを言ったら叩かれる、バカにされる」といったことより、「ふと思ったこと」を優先させるようにしたのです。

「言っちゃった、やっちゃった、思っちゃった」

みたいな感じで、もっともっと「ふと」を大事にしてほしいと思います。

「ふと」と「がんばる」とはまったく関係がありません。

僕自身、努力してがんばっていたときは、必死のカラスみたいでした。カラスか、サメか、マグロみたいな感じでした。ずっと羽ばたいていないと落ちてしまうし、ずっと泳いでいないと沈むと思っていました。絶対に休めませんでした。

それを、何かのときにやめてみました。

そうしたら、**風に乗った**のです。

みんなのまわりにも**「自分らしさ」という風**が吹いています。

そしてもう一つ、**「他力」という名前の風**が吹いています。

一生懸命に羽ばたき続けているカラスをやめたら、トンビになります。ピーヒョロと言いながら、ときどき羽ばたいて上に上がったら、あとは羽ばたきもせず、ずっと上を飛んでいます。

つまり、がんばるのもいいし、がんばらずに平原を歩いてもいい。

上に行ったら行ったで、風に乗っていればいいのです。

6 もっと「トンビ」のように生きてみる

日本人の有給休暇消化率は、数年前は三〇数%、最近の調査でも約五〇%で世界最下位です。ちなみにフランスとブラジルは一〇〇%だそうです。

日本はこれまで、「さぼらず、しっかり、滅私奉公」というカルチャーによって、発展してきました。

でも、これから僕らはもっと「トンビ」になることを知ってもいいのかもしれません。どちらがいい、ということでもなし。

そろそろ**「がんばらずに伸びる」ことを覚えるとき**ではないかと思ったのです。

がんばることは、絶対に悪くありません。僕もがんばって、がんばって、「がんばる」に傾いたからこそ、「がんばらない」という選択肢に初めて気がつきました。

そして、ずっとがんばれなかった人は、もうそろそろ、自分は「がんばれる」人だということに気づいてもいい頃なのです。がんばれなかった過去は、もう過去なのです。

「自分は羽ばたかなくても飛べる人なんだ」「自分は羽ばたける人なんだ」ということを、そろそろ知ってもいいということです。

★ユラユラ揺れているとバランスがとれる

僕がいつも通っている整体師さんの施術《せじゅつ》は、揉《も》まないし、押さないし、引っ張りません。では何をしているかというと、ユラユラと体を揺らすだけです。

「腰が痛い」

と僕が言っても、腰は触りません。確認するだけです。そして、体の他のところをユラユラ、ユラユラと揺らすわけです。

今までは痛いところを揉んで引っ張って、ガキッといわせてというのが整体の常識と思っていましたが、二十分くらいユラユラと揺らすだけで終わりです。

「え、これで終わり？」みたいな感じです。

でも、今のほうが体の調子は確実によくなっています。

「がんばる」とか「力を尽くす」とかではなく、「手を抜く」こと、「ゆるめる」ことでラクに成果を上げられること「も」、みなさんに知ってほしいと思います。

7 勝手に「無理」と決めつけない

「がんばる」について、あともう一つだけ言っておきたいことがあります。
「がんばる」とは、世間一般で言えば、行動をたくさん起こすということです。
でも、今日からは**新時代の二つの「がんばる」**を意識してみてください。

一つ目は、**勝手に無理だと決めないこと**。

「私はがんばらないと認めてもらえない人間なんです」

「私はできない人間なの」

「私はがんばれない人間なんです」

そんなことは勝手に決めなくてもいい、ということです。

これは「頭の中を変える」だけですから、努力もいらないし、お金もかかりません。


二つ目は、**勇気を出す**こと。

言い方を換えると、損する、嫌われる、バカにされる、恥をかく、失敗する、人に頼る、痛い目にあう覚悟を持つこと。

これをがんばってほしいのです。

「勇気を出す」というより、「覚悟する」と言ったほうがわかりやすいかもしれません。


自分の感情を抑えること、我慢することをがんばるのではなく、

「損してもいい、嫌われてもいい、バカにされてもいい」

と、思い切って決意すること。これが本当の意味での「がんばる」です。

★今までの「保守的な自分」をエイッと振り払う

「一番やってはダメなこと」は、恥をかかないように、損しないように、嫌われないように、バカにされないように、失敗しないように、痛い目にあわないようにと、一生懸命に行動することです（世間では、このことを「がんばる」と言っています）。

つまり、僕の考える「新がんばる」と真逆なわけです。

たとえば仕事を休む、活動をやめる、「自分はすばらしいと言う」ことも「新がんばる（勇気を出すこと）」です。

ただし、もし、今、自分の人生がすごくうまくいっているのだったら、どうぞそのまま行ってください。

でも、もし、迷っていたり、悩んでいたりするのだったら、そして人生を変えたいと思うなら、今まで自分が避けてきた考え方を、思い切って採用してみる「勇気」を出してみてください。

今までの「保守的な自分」を「エイッ！」と振り払い、次のステップに進むこと。

それが心屋の言う「新がんばる」です。

8 「私、すばらしいんですけど、何か？」

「一発台」といわれるパチンコ台のチューリップに玉が飛び込むことを「入賞する（大当たり）」といいます。「入賞する」と玉がたくさん出てきます（大昔の記憶なので、今も「一発台」があるかどうかは知りません）。

このチューリップは、いつもは玉が一個くらいしか入らないような隙間が空いているだけだったり、基本的に閉まっていたりします。そして、チューリップに入らせまいとする釘《くぎ》が並んでいたりします。

このチューリップが閉まっている状態は、

「無理に決めつけている」

「勇気を出していない」

「我慢している」

という状態と同じです。

だから、みんな、「自分はすばらしいんだ」と心をひらいてください。

花のつぼみは「ふーん！」と一気にひらくわけではありません。

花は咲くとき、**「ふわあ」とほどける**のです。


これと同じように僕らも力を抜いたら、僕らの心は「ふわあ」とひらきます。

「がんばる」のではなく、「力を抜けばいい」のです。

心もパチンコ台と同じで、ひらいたら「いいこと」「すばらしいこと」がジャージャー出てきます。

それなのに、どうして閉じているのか。

それは、「いいこと」がジャージャー出たら困る人がいるからです。

「そんなに派手に結果が出たら、私、どうしたらいいかわからない。怖い」とパニックになる人がいるからです。

★「心のチューリップ」をひらいてみる

心をひらいていると、つまり、「自分はすばらしいんですけど、何か？」というスタンスで生きていると、「いらないもの」も入ってきます。批判されたり、怒られたりします。

それがイヤだから、僕たちは「心のチューリップ」をピッと閉じています。でも、そうしていると「いいこと」も入ってきません。

そこで、「『いいこと』が入ってこない！」と悩みます。

ひらけばいいのに、「だって、ひらいたらゴミが入ってくるもん！」と閉じたままです。

僕からすると、「どっちにするんだ！」という話です。

「ひらく」とは、**「来いや！」**ということです。

「いいこと」も、「悪いこと」も、ぜんぶまとめて「来いや！」と言える勇気があるかどうかです。

「来いや！」と言ったら、「じゃあ、行ってやるわ！」みたいにうっとうしい人も、変態も寄ってきます。

それも含めて「来いや！」と言わない限り、いいものは入ってきません。

でも、ひらいてみたら、その「変態に見えた人」の中に、実はものすごくすばらしい人がまぎれ込んでいるかもしれませんよ。

そして、「来いや！」の覚悟を表わす別の言葉が、

「自分はすばらしいんですけど、何か？」

なのです。

でも、チューリップを閉じたまま、みんな言うのです。

「私のこと、誰もわかってくれない」

「こんなにがんばってるのに！」

「こんなに努力してるのに！」

「こんなに、あなたのこと思ってるのに！」


こういうことを言う人が「何をわかってほしいのか」といったら、「私はこんなにすばらしいのよ！」ということをわかってほしいのです。

そうであるなら、そう言えばいいのです。

ブツクサ言っているヒマがあったら、

「私、すばらしいんですけど、何か？」

と、ちょっと鼻にかけて言ってみてください。

照れながら言ってはダメです。
きっと〝すごく、こそばゆい〟はずです。
〝ざわざわ感〟がハンパない人もたくさんいると思います。
でも、その感情こそ、心がひらき始めたよ、というサインなのです。

6
章

思い切ってお金をドブに捨ててみる

——「いいから、やれ！」と自分にゴーサインを出す

1 「とにかく、やる」と人生が動く！

僕が本や講演会でいつも伝えていること、言いたいことは、とてもシンプルです。

イヤなことをやめて、やりたいことをやろう。

結局、ここに行き着きます。

「好きなこと」「やりたいこと」ができない理由をグダグダ並べていないで、誰かのうまくいった方法や提案されたことを批判しないで、「とにかくやる」。

そうすると、停滞していた人生が動き始めます。

そのためにも、**「どれだけイヤなことをやめるか」**という話です。

僕たちは、傷つきたくない、恥をかきたくないから、自分の「好きなこと」を巧妙に避け、「やりたいことっぽいもの」で満足しているフリをしています。

たとえば、自分のやりたいことが、画家やイラストレーターのような「絵を描く仕事」だとします。でも小さい頃に、それを口にしたら、

「そんなの無理に決まってるじゃない」

とまわりの人たちに笑われた。

すると自分の中で「じゃあ、画家はなし」と、「一番やりたいこと」をまず排除してしまった上で、「やりたいこと」を探すようになります。でも、それでは見つかるわけがありません。当の「やりたいこと」を排除しているわけですから。

そこで「やりたいことっぽいもの」を連れてきます。

これは、本当は「トロ」を食べたいのに、「脂っこいのはダメよね」と言われて「赤身で、いいわ」と言っているようなものです。当然、面白くないし、楽しくない。当たり前です。だって、本当はトロが食べたかったのです。でも、「トロはダメ。子どもがトロを食べたら毒だから」

と、嘘をつかれてしまいました。

仕方がないから、赤身を選んで、「私はこれがいいのよ」としがみつくことになります。で、「続かない」「やる気が起きない」「がんばれない」となる。

★心の「鉄壁のバリア」をいかに攻略するか

好きなことや、やりたいことが見つかっていない人は、あなたが「これまで避けてきたところ」を探してみてください。

でも、そこは**「鉄壁のバリア」**が張られていて、「気づかせまい」と厳重に守られています。

だから、「もしかしたら、自分が本当にやりたいことは、これかも？」という考えがふとよぎっても、「それだけはないわ」とすぐさま封印します。

たとえば、プロのミュージシャンになりたい人がいたとします。その人に「プロになればいい」と言うと、「いや、それだけはないです」と即答されます。

「え、じゃあ、何がしたいの？」

「うーん、レコード屋さんかな」

と、〝ミュージシャンの周辺的なこと〟を言います。〝周辺〟に関われば、それなりに楽しくはあるのですが、「ズバリやりたいこと」ではないから、どこかしっくりこないし、モチベーションも上がりません。

そこで、これからあなたの「それはないわ」と思っているものを見つけていく方法を話していきます。

2 すでに「したいことだけして、生きている」

ここに一つ、「衝撃的な事実」があります。

それは、実は僕たちは、すでに**「自分の好きなことしか、していない」**ということです。

たとえば、僕の講演に来るのも、「好きなことをしに来ている」ということです。会社などを休めず来られなかった人は、講演会より優先させるほど仕事が「好き」ということです。もしくは、講演会のために会社を休むより仕事をしているほうが「マシ」だから、それに甘んじています。ということは、それが「したいこと」です。

たとえば今、あなたが貧乏だとします。それは、あなたが貧乏をしたくてしているのです。太っている人は、太っていたいから太っていますし、つまらない仕事をしている人は、そのつまらない仕事をしたいからしています。

今していること、見ていること、聞いていること、置かれている状態……これらは全部、自分がやりたくてやっています。

でも、面白いことに多くの人が、「いや、好きでやっているわけではないですよ」と反論します。

「本当は子どものことを怒りたくないのに、怒ってしまうんです」

と。そこで、

「怒るのをやめればいい」

と言うと、

「怒りたくて怒っているわけではありません」

という返事が返ってくるという感じです。

このとき、「本当は怒りたくない」のも本当だし、「怒ってしまう」ことも本当なのです。

怒った後に「最高の気分」になる人はあまりいません。普通は「イヤな気分」になります。

でも、僕たちは、したいこと以外は、していません。

つまり、本当のところは、怒った後にやってくる「イヤな気分」を味わいたいのです。そして、その気分を味わうことで「またやってしまったダメな自分」を責めたいのです。

この心理をひと言で言うと**「怖いもの見たさ」**です。

★納得はできないけれど「許可している」こと

どうして、怖いとわかっていて、わざわざバンジージャンプをしたり、オバケ屋敷に行ったりするのでしょうか。どうして臭いとわかっていて、わざわざフタを開けるのでしょうか。

それは、わざわざ「イヤな思い」をしたいからです。

わざわざイヤな思いをしに行ったり、フタを開けたりして、

「うわ、イヤ！」

「うわ、クサッ！」

と確認したいのです。

「貧乏」なのも、「太ってる」のも、「満員電車」に乗るのも、イヤな思いをして自分がダメな人間だと「思いたい」「確認したい」からそうしているのです。

みんな、自分のことを「変態だ」と思ったほうがいいでしょう。

自分が許可していないことは、いいことも悪いことも自分の目の前には現われません。イヤなあいつがあなたの目の前にいること、あのイヤな出来事が自分に起きるということ、それは、あなたがそのことを**納得はできないにしろ「許可している」**からです。

3 いつまでその「戒律」を守って生きるのか

「好きなことだけして生きていく」ためには、自分で自分に許可を出せばすむ話です。

「自分は、そうやって生きていってもいいんだ」と、「許可」を出すだけです。

誰かに許可してもらうのではなく、自分自身で許可する。

もうこれだけです。でも、それがとてつもなく怖い。

「好きなこと」や「したいこと」に対して、「それはないわ」と思ってしまうのは、「罪の意識があるから」。言葉を換えると、まるで**「宗教上の理由がある」**ということと同じです。

牛を食べてはいけない、豚を食べてはいけない、離婚してはいけない、輸血してはいけない……。

「宗教上の理由」から、ある行為ができない人たちがいます。同じように、僕たちは親からインプットされたことを「戒律」のように思って、大切に守って生きています。

親の教えが自分の価値基準になってしまう、いわば**「親教」**です。

あなたが「好きなことだけしていたら、生きていけない」とかたくなに思っている一番の理由は、「親教」という宗教上の理由だったのです。ビックリです。

「好きなことだけして生きていいよ」という親に育てられた子どもは、好きなことだけして生きていきます。

その親も自分の親から「好きなことだけして生きていいよ」と言われています。

これはもう、代々受け継がれた「教え」であり、「家訓」であり「宗教」です。

でも、知っていますか。

信仰する宗教は、自分で変えていいんです。

★「うまい、できる、すごい＝許可」ではない

「宗教」を別の言葉で言うと「マイ・ルール」です。「自分だけのルール」です。ということは、自分以外の誰も、自分のことを縛っていないということ。つまり「宗教」を理由にやっていないことがある人は、自分で自分を縛りつけて、その世界にひたっているので、「マゾ」とも言います。

僕の場合、講演会にギターを持ってきて歌を歌っています。以前の自分だったら、人前で歌うなんて絶対に無理でした。

「自分はカウンセラーだし」という思いがあったし、それ以前に「うまくない

し」というのがありました。

でも、あるとき気がつきました。

歌がうまい人は、この世の中に、それこそ星の数ほどいます。そうなると、歌がうまくない自分が表に出るチャンスはゼロです。でも、出てしまいました。つまり、「うまくなくても表に出ていい」ということです。

歌がうまくなくても表に出て歌う。それを見ているみんなが、「ああ、あれでもいいんだ」と思ってくれたら御《おん》の字なのです（思ってくれなくても、それはそれでまったくOKです）。

つまり、「うまい」「できる」「すごい」＝「許可」ではありません。

うまいとか、すごいとかは、「許可すること」とまったく関係がないのです。

うまかろうが、下手だろうが、**僕らは自分の「やりたいこと」を、好きなようにやったらいい**のです。誰の許可もいらないのです。

4 「テンションが上がること」を増やしていく

僕らは「仕方がない」と言いながら、その「仕方がない」という言葉を使って、いっぱい我慢をしています。

我慢している割合が自分の人生の中で、どれくらいなのかを感覚的に考えてみてください。

今生きている自分のパワーが一〇〇だとして、「好きなこと」と「我慢」に注いでいるパワーは、どんな割合になるでしょうか。

「好きなこと：九九、我慢：一」なのか、「好きなこと：一、我慢：九九」なのか。

僕は今、「好きなこと：八五、我慢：一五」くらいです。一〇〇にはまだなっていません。昔は「好きなこと：一五」ぐらいでした。

「我慢」が五〇を超えている人は、〝我慢をしたいからしている〟のです。

自覚しているかどうかは別として、「まわりのことを気にせず好きなことをするくらいだったら、我慢していたほうがいい」と思っています。

そのほうが「安全」「無難」だから。

もし今、「好き：五〇、我慢：五〇」だとしたら、「好き」を増やしてください。

その一番簡単な方法が、「我慢」を減らすことです。

「我慢」を減らすと、勝手に「好き」が増えていきます。

好きなことがわからない人も、まずは「我慢」を減らす。

「我慢」とは、たとえば、「言いたいことを言っていない」「行きたいところに行っていない」そういうこともすべて含みます。

せっかく「好きなこと」を見つけても、我慢してイヤなことをやっていたら、「好きなこと」に使う時間がなくなってしまいます。

僕の場合は、カウンセリングという「面白い」ことを見つけました。でも、会社勤めをしたままでは、できません。

ということは、「好きなもの」を見つけると、「超・恐ろしいこと」が起きてしまいます。それは、**「今、大事にしているものを捨てなければいけない」**ということです。

「我慢してやっていることをやめる」「嫌いなこと、イヤなことをやめる」と先に決めると「ああ、これが好きだったんだ」と、ハッと気づきます。

「好きなこと」「テンションが上がること」「ワクワクすること」「充実すること」……いろいろな表現がありますが、「イヤなこと」をやめたら、どうしようもなくそれらがハッキリと目の前に現われてきます。

「ああ、これがしたかったんだ」と。

★「調子に乗っていない人」の話は聞かない

「実はやりたいけれども、やっていないこと」が誰にもあるはずです。ここで引っかかってくるキーワードは**「恥ずかしい」**と**「遠慮」**です。つまり、それをするのが「怖い」のです。

僕も歌がうまくないのに人前で歌うなんて「超・恥ずかしいこと」だし、迷惑かな、とも思っていたので「遠慮」していました。

要は、人に何か言われたり、嫌われたりするのが怖かったのですね。

でも、ある日、思い切って歌ってみたら割と喜ばれました。それで調子に乗りました。

だから、みんなも、もっともっと調子に乗ってほしい。

調子に乗るとは、悪いことのように聞こえますが、「リズムに乗る」ということで、すごくいいことです。

でも、調子に乗っていたら「アイツはけしからん！」と怒る人がいます。それは「調子に乗っていない人」つまり「我慢している人」です。

でも、せっかく自分は調子に乗ってきているのだから、「調子に乗っていない人」「我慢している人」に合わせようとしないこと。

あなたは「あなたのリズム」に乗って、さんざん怒られて、メチャクチャ叩かれてみてください。人のことは気にしなくても大丈夫です。

5 「恥」は、かいたもの勝ち

そんなことしたら恥ずかしいし、格好悪いと思っていること。

本当はやりたいのに「いや、でも、それはな」と尻込みしていること。

それをやってみてほしいのです。

「思い描いたこと」をやり始めると、ものすごく恥をかきます。ものすごくバカにされるし、「もっと現実を見ろ」「できるわけがない」と言われます。

そこで「なんとか恥をかかないように、嫌われないようにいこう」と思うから、縮こまって夢が叶うところまで行けないのです。

心配してもしなくても、「思い描いたこと」をしようとすれば、失敗もするし、絶対に笑われます。絶対に怒られて、絶対に叩かれて、絶対にお金がなくなります。

でも、それでも突き進んでいくと、お金であれば「なくなった」かのように見えて、ある日、突然、ドサッとやってきます。だから、それまでの期間を「いかに耐えて過ごすか」なのです。

★「それはないわ」を通過した後にパラダイスが待っている

「好きなことだけして生きていく」ためには、「一番好きではないこと」を一回通る必要があります。

太っている人が、やせて素敵なボディを手に入れるために、絶対やりたくない「空腹にたえること」をしなければならないように、です。

一番恐ろしいこと、一番触りたくないもの、一番見たくないもの、一番あり得ないこと、一番「それはないわ」と思うもの、つまり一番怖くて避けてきたものを通らないと「好きなこと」「やりたいこと」にはたどり着けません。

そこを通るのがイヤだから、

「私、一生懸命に探してるんですけど、好きなものがないんです。いろいろなワークショップに行って、いろいろな夢を書いているんですけど、ダメなんです」

と言います。

★「それでも行くわ!」と進めるか?

親にお金をもらわないといけない、会社をやめないといけない、批判されるのがイヤ……「一番イヤなこと」を通らない人は、どんなに一生懸命に努力しようが、何をがんばろうが、絶対に〝向こう側〟に行けません。

「好きなことだけして生きていく」ことを考えると、**自分の一番のトラウマ**があぶり出されます。

自分の人生の中で一番避けてきたもの、見たくないものが、「好きなことだけして生きていく！」と決めた瞬間に、目の前にバーッと来ます。

これは、超・恐ろしい!!

そこで「ああ、やっぱりやめとくわ」と言って後退するのか、**「それでも行くわ！ 私」**と言って進むのか。

これによって人生模様はまったく違ってきます。

つまり「好きなこと」は、自分が避けてきた「宿題」を乗り越えるためのツールであり、パワーになるのです。

★「意味のないこと」にお金を使う経験

お金が理由で進めないとき、やってみてほしいことがあります。

その一つが**「神社ミッション」**です。

神社ミッションの一番の趣旨は、**お金をドブに捨てること**です。

「お金は大切なことに使いましょう」

「お金を粗末にしたらロクなことがない」

という教えがありますが、そのお金をドブに捨てると、

「お金をドブに捨てても、突然貧しくなったり、不幸になったりはしない」

という自分を知ることができると同時に、「お金がなくなる」という恐怖が幻想である、ということが体感できます。


だから、神社ミッションや他のことでも、意識して「意味のないこと」にお金を使ってみてください。

きっと、心の中で何かが変わるのに気づくと思います。

これは体験した人にしかわからないことです。

人はお金を使うとき、

「絶対に意味のあるお金の使い方をしたい」

「絶対にそれなりの何かを手に入れたい」

という**〝欲にまみれた思い〟**を持っています。


それをよく表わしているのが、神社に参拝するときです。

お賽銭箱に五円を入れました。そこで「ご縁がありますように」と祈ったとします。

その後、おみくじを百円で引きます。それは「百円とおみくじ」という価値交換があるから引くわけです。

次にお守りを三百円で買います。最後にお札が欲しくなっても、「高いから」という理由でやめます。


つまり、「等しい価値があるものなら、お金と交換します」「損したくない」という思いがあるから、お金を使えなくなってしまうのですね。

神社に行って、お賽銭箱に五円を入れてお祈りします。では、あなたが叶えたい夢の価値は、五円なのでしょうか。

僕は「一万円でも超・超・安い」と思っています。

僕はどこの神社に行っても、必ず一万円を入れます。

でも、近所の八坂神社に行くと、メインの本殿の他に末社がたくさんあって、そこでは小銭を出してしまったりします。

このあたり「自分、まだ小さいな」と思っていますけれど。

7章

「次のステージ」が今や遅しとあなたを待っている

――雑草のように、ワサワサと成長しよう！

1 自分の中の「未開のスペック」を発見する面白さ

日本人は「成長好き」です。僕も、今までの人生で長いこと「成長しなくては」と、どこかで思っていました。

会社に入れば、たいてい新入社員の教育プログラムがありますし、どうやら人は、誰かや何かを成長させていることがうれしいようです。

野菜や草花が育つのがうれしい。

アイドルが育つのがうれしい。

僕の歌がうまくなっていくのを見るとうれしい。

人が成長、進化していく様子を見るのは、おそらく微笑《ほほえ》ましいのでしょう。

最初に結論を話しますが、僕がこの章で話す「成長」とは**「ひらく」**ということです。よく似た言葉で言えば、**「脱皮する」**ということです。

セミナーや講演会に行くと、「ひらく」ことも「脱皮」することもせず、そのまま〝凝り固まっている人〟がたくさんいます。「サナギのままで終わってしまうの？」と心配になるくらいカチカチになっている人もいます。

★「あ、いいんだ」はパッカーンした合図

この「ひらく」「脱皮する」を経験しているときに出てくる言葉が、**「あ、いいんだ」**です。この言葉が出たときがひらいた瞬間です。

これをさらに別の言葉でいうと**「パッカーン」**です。

今までの自分の常識という殻をパカッと破っていく。

それはたとえば、僕はパソコンやスマホの千ある機能のうち、七つくらいしか使いこなしていないと思いますが、自分の知らなかったパソコンやスマホの機能や、キーボードのショートカットキーなどを知って、「あ、これでいいのか！」と気づくことです。

新しいソフトやアプリを付加するのではなく、**「すでにあるもの」を使えるようになっていく。**

つまり、心屋の考える「成長する」とは、何か新しい知識やノウハウを「つけ足す」のではなく、**自分をひらいていくことで、自分の中でまだ使っていなかったものを使っていくこと。**

自分の中で「使ってはいけない」と思っていた力を使っていくということなのです。

そして、「過剰なセキュリティ」をどんどん外していき、自分一人でやろうと努力せず、頼めることは人に頼む。

そうすることで、「自分のできること」がどんどん増えていきます。


「あ、これでいいんだ」

「あ、それをクリックするだけでいいんだ」

「あ、それ、もうやらなくていいんだ」

「あ、それをやってもいいんだ」

という「いいんだ」が増えていきます。

★「ひらき直れた人」は怖いものなし

そして、いつも言っていますが、「ひらいていく」ためには**「損する」**こと。

「ああ、負けてもいいか」

「ああ、なんかもう許してもいいか」

「ああ、もう恥をかいてもいいか」

このように「ひらき直った瞬間」にパカッとひらきます。

それはまた、今まで抵抗していたものに対して「ああ、いいか」と力が抜ける瞬間でもあります。


そして、僕らにとって、一番「損すること」といえば、**今の自分にOKを出すこと**です。

今のダメな自分、進化していない自分、何もできない自分……その自分にOKを出すことが、一番の損ではないかと思います。

「今の自分にOKを出す」ことは、「今の自分を卒業する」ということでもあります。

今の自分がやらなければいけないこと、今の自分が気づくべきことに気づいた瞬間に、

「はい、お疲れさまでした～。卒業です！」

と「次のステージ」に進むことができます。

2 「許可する」ことのミラクル・パワー

僕の知り合いで**藤沢あゆみ**さんという、恋愛関係の本をたくさん出している作家さんがいます。彼女がすごく面白いことをブログに書いていました。

「好きな人には好かれないけれど、嫌いな人にはすぐ好かれるんです。なぜでしょうか」

これは僕もよく受ける質問です。藤沢さんいわく、好きな人にはよく思われたくて自分を飾ってしまうけれど、嫌いな人には**「どう思われてもいいや」**と素《す》の自分を出しているからだそうです。

「素の自分を出したほうが好かれる」というごくごく当たり前の現象が起きていただけの話、というわけです。

だから、「好かれたくない人」にとっている態度を、「好かれたい人」にもとる。そうすると、「好かれたい人」からも好かれます。

嫌いな人に対してとっている、あの尊大な態度。「私のこと、嫌いなさいよ」と言わんばかりのわがままで、ひどい態度。

それを好きな人の前でやると、相手は「お、この子は何かが違う」と思ってくれるかもしれません。

逆に、嫌いな人から好かれるのがイヤだったら、「いい顔」をしていてください（理論上はそうなのですが、もしかすると、もっと好かれてしまうかもしれません。もしそうなら、よほどあなたが魅力的ということです）。

★常識がクルッとひっくり返る瞬間

「あ、いいんだ」を漢字で書くと「許可」です。

「許す」ということです。今まで禁止していたもの、「〜してはいけない」という言葉で押さえつけていたものを許していく。

この「許可」の力はすごく大きいのです。

たとえば、百メートル走で十秒を切れなかった時代は、「人間は百メートル走で、十秒を切ることができないんだ」というのが大前提でした。

でも、誰か一人がそのラインをピュッと越えたら、「おお、切れるんだ!」となり、その瞬間に世界はパーンと変わります。

「あ、いいんだ」の力はものすごいのです。

「あ、いいんだ」と言った瞬間に、自分の今までの常識がクルッとひっくり返ります。

「あ、いいんだ」と言いながら、自分の常識を一つずつひっくり返して、自分をひらいていってください。

3 「放っておく」ほうが成長する不思議

僕は、会社員時代に社員研修もよく担当していました。

「人というのは、ある程度のプログラム、カリキュラムを与えて手助けしなければ成長しない」という考えが頭の中にインプットされていたと思います。もちろん、それは事実でしょう。

この仕事を始めた頃も、養成コースの人たちには「カウンセリングの技術」も一応教えなければと思って、一生懸命になっていました。

でも、以前にも他の本で書きましたが、『奇跡のリンゴ』（石川拓治著・幻冬舎）という本を読んでから、その考えを一回、全部捨てました。

この本は、奥さんが農薬の影響で体を壊してしまったのをきっかけに、「農薬を使わないリンゴ」の栽培に世界で初めて成功した、木村秋則《あきのり》さんの話です。

彼は畑の雑草も刈らず、肥料も一切使わず、つまり「リンゴを育てるために必要だ」と言われていたことを全部排除しました。その結果、すばらしいリンゴができたそうです（もちろん、ものすごい苦労はしたみたいですが）。

「あ、そうか、人というのは手をかける必要なんてないのかもしれん」

この本を読んで、そう思い、そこから心屋流の「放牧理論」を組み立てていきました。

ただ、「放っておく」というのは結構な勇気がいります。

「それでダメだったら、怒られてしまうじゃないか」

という怖さはありました。それでもずっと放っていたら、**「放っておけば放っておくほど人は成長する」**ことに気づきました。

たとえば、うちのカウンセリングのスクールでいえば、カリキュラムを薄くすればするほど、人は勉強します。昔は学んでもらうために、あれもこれもとカリキュラムを提供していました。

それを「これはもういらないか、これもいらないな」とガンガン捨てていったのです。

★誰もが〝勝手に学んでいく力〟を備えている

ガンガン捨てていったら何が起きたかというと、**みんな自分から学び、勝手に成長する**――このことが本当に、腹の底からわかりました。それから、僕がラクになりました（笑）。

誰かを「成長させよう」と思うと、成長させられている側は、「成長しなければば……」となり、結構しんどい。

さらに、成長させる側も「相手の成長の度合」を常に見張っていないとダメだし、自分自身だって成長し続けていなければ、示しがつかない。

このように「人を成長させようとする」ことは、お互いが苦痛に包まれてしまうわけです。

だから、今は、

「まあ、この人、成長しようがしまいが、別にどっちでもいいか」

と思っています。だって、大丈夫なのですから。

そして不思議なことに、そう思えば思うほど、その人は成長します。自分が手を出さなければ出さないほど成長します。きっと子育ても同じだと思います。

僕がみなさんのお悩みを解決できるような「素敵なお話」をしなければしないほど、みなさん自身が悩みを解決していくという、このパラドックスに気づいてしまったわけです。

4 成長は「いいこと」ではなく「楽しいこと」

「成長」というテーマで、もう一つ話しておかないといけないことがあります。
多くの人は、「成長＝いいこと」だと思っている。
ここに「罠」があるよ、ということです。

「成長＝いいこと」ということは、「成長しないこと＝悪いこと」になる。
だから、「成長＝いいこと」という式を一回壊さなければいけません。
そして、**「成長するのは楽しいこと」**としたいのです。

成長できたら、楽しい。成長できなかったら、それほど楽しくない。それだけなのです。

★〝コンクリートを突き破る雑草〟のように自由に！

植物はコンクリートを突き破って伸びてきたりします。どこまでも、どこまでも伸びていくイメージがあります。

人間もおそらく一緒ではないかと思っています。

成長するために絶対に必要なことは、成長を止めないということです。

人も植物も、放っておいたら成長します。

唯一、成長が止まるのは、「成長しないように、あえて止めているとき」です。

小さな鉢の中で、立派にキレイにまとまっている盆栽のように、です。

「成長を止めない」とは、自分が「やりたい」と思うことをあきらめないこと。

そして、やりたくないことを我慢してずっと続けないことです。「やりたくない」と思って我慢していることを「もう、やりたくないんだ！」と放り出してください。キレてください。

それこそが、あなたの成長の「成果」です。

★そのままだと単なる「横移動」です

こう言うと多くの人が「じゃあ、会社をやめる！」とすぐ言いますが、違います。「やりたくないことは、何ですか？」と聞くと、割と多くの人が「会社勤めです」と言います。

でも、たいていは「会社勤めがイヤ」なのではなく、「社内の人間関係がイヤ」なのです。

そして、社内の人間関係がイヤで、我慢していることがいっぱいあって、「言いたいこと」も言わずに今の会社をやめても、次の会社でどうせ「同じようなこと」が起こります。

だから、会社をやめる前に、「言いたいけれども我慢していることを、言う、する」を実践しなければなりません。

たとえば「給料が少ないのが不満」だったら、「給料が少ないから上げてくれ」と言うことです。それを「どうせ言っても無理。だから、もうやめるしかない」と我慢したままやめたら、それは先に進んだことにはなりません。「横移動」しているだけです。

「イヤなことをやめる」という中に、「会社をやめる」という選択肢を入れている人は、やめる前にもう一度「その会社がイヤだ」という中身について、もう少し考えてください。「まだ自分がやっていないこと」があって、そこから逃げるために会社をやめようとしているだけ、という人がたくさんいるからです。

「会社がイヤ」な理由が、仕事内容にあるのか、コミュニケーションにあるのか、通勤ストレスにあるのか、給料にあるのか。

もしかしたら、イヤなのは「あの上司」たった一人かもしれないし、「あの部下」たった一人なのかもしれないし、隣の変なオッサン一人なのかもしれません。

「ええ!?　でも、私、もうやめちゃったし」

と思っている人もいると思います。

大丈夫です。やめてしまった人は、また次の会社でそれを考えればいいのです。

同じ課題は、必ずまた出てきます。

5 自分の「魅力」がドバッと出ても いいじゃないか

以前の僕は、「目標」を定めて、そこに向かって努力することを「よし」としていました。

でも、「目標を持たない」ようにしてからのほうが明らかに楽しいのです。

あなたも、**もっともっともっと、ラクしてください**。

いかにラクできるか、いかに効率よく手を抜けるかということを真剣に考えてください。すると、どんどん進化、成長します。

今まで「いけないこと」とされてきた、いかにすれば自分がのらりくらりとラクができるかについて、一生懸命、考えてみてほしいのです。

★みんな「隠すこと」にエネルギーを使いすぎ

僕たちは「損したくない」「傷つきたくない」「恥をかきたくない」と、本当の自分を隠すことに力を使いすぎています。

自分の「恥ずかしい部分」が出ないように四方八方を押さえているから、「好きなこと」にまで手が回らないのです。押さえることや隠すことに力が入りすぎているのです。

悪いところを出さずに、いいところだけを出すことは、できません。

自分という人間は「消防用ホース」みたいなもので、ブワーッと水（自分のエネルギーや個性）が勢いよく出るようになっています。そんなホースから「いいところ」をちょっとだけ出すのは難しいのです。

それはまるで、すごい水圧がかかって暴れまくっているホースを必死で押さえつつ、コップにチョロチョロと水を入れようとするような感じです。

僕らは本来、ものすごいパワーがあるのに、それを全力で押さえて、コップにチョロチョロとだけ入れようとしています。

「自分らしさが出ないように押さえ込もうと奮闘すること、我慢すること」を僕たちは「努力」と言っているのです。

★心屋式「ゴーサイン」の分類法

ちなみに、日常生活では、「これをしておいたほうが、いいよなぁ」と思うことがたくさんあるでしょう。

「ここはちょっと謝っておいたほうがいいな」

「ここはちょっと譲っておいたほうがいいな」

など。そういう**「〜しておいたほうがいい」**と思うことは、**心屋では「やめておいたほうがいい」**に分類されます。

逆に、

「これは、ちょっと、やったらまずいよなぁ」

「これは、やめておいたほうがいいよな」

という**「〜したらまずいよな」と思うことは、心屋では「やったほうがいい」に分類**します。

そうすると、面白いほど生きるのがラクになって、気づいたら心がゆるんで成長して、豊かになっている自分がそこにいるのです。

6 心を「ひらく」と〝いいこと〟をたっぷり受け取れる

他人の愛情や優しさを受け取ることを「ひらく」と言います。
そして、成長とは、**「他人の愛情を受け取る」**ということでもあります。

植物が成長するためには、恵みの雨と、降り注ぐ太陽の光と、大地からの栄養が必要です。それをたっぷり受け取る。

他人の愛情、つまり「他力」を受け取らず、「自分の力だけでがんばる」系の人は、

「私は太陽の光も、大地の力も、空気の力もいらないし、二酸化炭素なんてなくても、立派な実をつくり出せるの」

と言っているようなものです。

まわりの人の優しさ、まわりの人の力を信じられない人は、「自分で努力する」ほうに逃げてしまいます。

「努力」というのは多くの場合、「逃げ」なのです。

★「知らなかった自分」に気づく喜び

成長とは、「知っている自分」と「知らなかった自分」を合体させていくこと。

「隠していた自分」「忘れていた自分」「捨ててきた自分」「すばらしい自分」……

こういう「知らなかった自分」を知っていくことです。

そして、自分が巡り合う人の数だけ「知らなかった自分」がいます。

それを一つひとつ「あ、あれも自分なんだ」「この人も自分か」と言いながら受け入れていくことが「成長」であり、ひらくということです。

「私って、こういうの苦手だから」

「私って、ちょっと人見知りだから」

とか、よく言いますよね。

でも、それは間違っています。それはあくまで自分の一面であって、その真逆の自分も自分なのです。

「私は人見知り」と思っている人は、コミュニケーション上手な人を思い浮かべてみてください。その人もまた、まぎれもなくあなた自身なのです。

★「あんな人も、いていい」と思えたら最高

僕たちは、たくさんの人に出会いながら、触れ合いながら、関わり合いながら、「自分という人間」を知っていきます。

「あの人はあの人であって、私ではない」と切り離して考えている限り、自分の成長はそこで止まってしまいます。

「私は、こういう人間ですから」

と、グッと力を入れて、自分に制限をかけてしまっています。それはちょっと「もったいない」のです。

腐らず、いじけず、ひねくれず、すねず、「素直に」生きること。

勝手に自分のキャラを決めて、そこにちんまりと鎮座して満足しないこと。

イヤな人がいたら、「まぁ、あんな人もいて、いいか」と自分の成長促進剤にしていくこと。

そんなふうに自分の「枠」をどんどん広げていくことが、成長ということだと思います。

おわりに……結局、「今」を楽しんでいる人にはかなわない！

今あなたが悩んでいることを、もう一回思い浮かべたり、書き出したりしてみてください。そして、それを見ながら、

「あ、もうこれで悩むのやめよう」

と言ってみてください。

「悩むこと」は、自分でやめることができます。というよりも、自分でしかやめられないのです。

「彼氏ができないんです。結婚できないんです」という相談をされて、

「いい人がいるから、この人とくっついたら?」

と言っても、くっつくかどうかは、その人が決めることです。

こちらが「よかれ」と思う相手をその彼女の前にドンッと置いても、「いや、でも好みじゃないしなぁ」と言うでしょう。それだったら「悩んでいたら?」の世界です。

彼氏がいない人は、「彼氏がいない間にしかできないこと」が山ほどあるから、それを今やっておいてください。彼氏ができてしまったら、もうできません。彼氏ができたら、心屋のセミナーに気軽に出かけられないかもしれないし、何より、彼氏ができたら「男遊び」もできません。今のうちにしっかりと「豪遊」しておいてください。

結婚していない人は、結婚していない今のうちでなければ「男遊び」ができません。それをせずに結婚すると、後で「痛い目」にあいます。相手がやけに束縛する人だったり、すごく〝ときめく男〟に出会ってしまったり……とか。

「結婚できない、結婚できない」

とさわいでいた人がいざ結婚したら、今度は「束縛するんです」と相談しに来るのです。そんなのは、

「もう、知らないよ」

の世界です。


結局、あらゆる制限から自由になって「今」を楽しんでいる人にはかなわない。

ちょっとお人好《よ》しっぽく、ちょっと頭がゆるそうで、

「もう少しちゃんとしたほうが、いいんじゃない？」

というくらいの人が、最終的には幸せになっていくなぁと思っています。

あなたも、そろそろ幸せになってもいい。自分にそんな「許可」を出してみませんか。

心屋　仁之助

本書は、オリジナル作品です。

心《こころ》屋《や》仁《じん》之《の》助《すけ》の
ちゃっかり生《い》きてお金《かね》が集《あつ》まってくる話《はなし》

著者　心屋仁之助（こころや・じんのすけ）

発行者　押鐘太陽

発行所　株式会社三笠書房

〒102-0072 東京都千代田区飯田橋3-3-1

電話　03-5226-5734（営業部）03-5226-5731（編集部）

http://www.mikasashobo.co.jp

印刷　誠宏印刷

製本　ナショナル製本

© Jinnosuke Kokoroya, Printed in Japan

ISBN978-4-8379-6872-6 C0130

＊本書のコピー、スキャン、デジタル化等の無断複製は著作権法上での例外を除き禁じられています。本書を代行業者等の第三者に依頼してスキャンやデジタル化することは、たとえ個人や家庭内での利用であっても著作権法上認められておりません。

＊落丁・乱丁本は当社営業部宛にお送りください。お取替えいたします。

＊定価・発行日はカバーに表示してあります。

王様文庫

王様文庫

性格リフォームカウンセラー
心屋仁之助のベストセラー!!

「心が凹《へこ》んだとき」に
読む本

“へこんだ心”を一瞬で
元気にして、温めてくれる、
上手な「気持ちの整理術」。

心屋仁之助の
「ありのままの自分」に
◯《まる》をつけよう

1ページ読むごとに、
「自分はすばらしい」
ことに気づいてしまう本。

心屋仁之助の
今ある「悩み」を
ズバリ解決します!

口にするだけで人生が劇的に
変わる“魔法の言葉”満載!

心屋仁之助の
なんか知らんけど
人生がうまくいく話

「がんばる教」から
「なんか知らんけど教」
に宗旨がえしよう!

心屋仁之助の
あなたは「このため」に
生まれてきた!

なぜかうまくいく人には、
こんな習慣がある!

心屋仁之助の
「いい人」をやめて
スッキリする話

「波風」をこわがらないと
人生がもっと面白くなる!

心屋仁之助の
心配しすぎなくても
だいじょうぶ

“あの人”との関係も、
心のモヤモヤも、
全部まとめて解決!

心屋仁之助の
それもすべて、
神さまのはからい。

「すべてがOK」という
ラク〜な気持ちになれる本。

K80001